21世纪立体化高职高专规划教材·人文素质教育系列

应用写作实训

主　编　黄绮冰　生素巧

副主编　闫　炎　单　丽　徐普良

南京大学出版社

内 容 简 介

本书是《应用文写作教程》的配套教材,旨在对学生进行公务文书、事务文书、经济文书、礼仪文书、职场文书、法律文书、信息文书和毕业论文写作的训练。

本书编排思路新颖独特,由五个专项实训任务、六个综合实训、九套模拟试卷和一个附录构成,每项任务包括实训目标、工作任务、工作情境、工作结果、工作评价、情商培育、同步训练、参考答案等几个部分;内容重视立德树人,在每个任务的"情商培育"部分选取了一些寓意深刻的小故事,可以带给学生有益的启迪;语言流畅,叙述生动、活泼,案例丰富,实用性强。

本书既适合各类高等职业学院、高等专科学院、成人教育高等专科学院和本科学校的二级职业学院的学生使用,也适合相关岗位的职员作为参考。

图书在版编目(CIP)数据

应用写作实训/黄绮冰,生素巧主编. -- 南京:
南京大学出版社,2012.2(2017.6 重印)
21 世纪立体化高职高专规划教材. 人文素质教育系列
ISBN 978-7-305-09567-2

Ⅰ. ①应… Ⅱ. ①黄… ②生… Ⅲ. ①汉语—应用文
—写作—教材 Ⅳ. ①H152.3

中国版本图书馆 CIP 数据核字(2012)第 004131 号

出版发行 南京大学出版社
社　　址 南京市汉口路 22 号　　邮　编　210093
出 版 人 金鑫荣

丛 书 名 21 世纪立体化高职高专规划教材·人文素质教育系列
书　　名 应用写作实训
主　　编 黄绮冰　生素巧
策划编辑 胡伟卷
责任编辑 文幼章　　　　　　　编辑热线　010-88252319
审读编辑 王抗战

照　　排 北京圣鑫旺文化发展中心
印　　刷 南京人民印刷厂
开　　本 787×1092　1/16　印张 10.5　字数 291 千
版　　次 2012 年 2 月第 1 版　2017 年 6 月第 5 次印刷
ISBN 978-7-305-09567-2
定　　价 29.00 元

网　　址: http://www.njupco.com
官方微博: http://weibo.com/njupco
官方微信号: njuyuexue
销售咨询热线: (025)83594756

编　委　成　员

序

    本书是被誉为"工学结合教学模式改革在教材方面取得突破性进展"的《应用文写作教程》的配套教材，旨在进一步对学生进行公务文书、事务文书、经济文书、礼仪文书、职场文书、法律文书、信息文书和毕业论文写作的训练。本书在编写过程中聘请了行业、企业专家作为顾问，广泛听取了政府、行业、企业、学院等各方的意见和建议，有以下特色。

一、巧设工作情境

    本书每一大专项任务都有一次完整的工作示范，创设尽可能与工作实际相同相似的教学环境——工作情境。巧设工作情境，是文科类课程在校园里也可以实施"工学结合"的重要一步。设置工作情境的教学和教师直接阐述的传统教学大不相同。一是目的不同，前者是为行动而学习，后者是为学习而学习；二是主体不同，前者以学生为主体，后者以教师为主体；三是态度不同，前者学生面对工作中急需完成的任务，可能严阵以待，后者学生面对老师布置的作业，可能漫不经心；四是结果不同，前者学生是行动者，后者学生是倾听者。设置工作情境的教学摒弃知识灌输、被动接受、理论与实际脱节的实施方式，形成任务驱动、主动探讨、工作学习同步的实施方式，使学生提前进入职场角色，有利于提高学生的就业竞争力。

二、重视情商培育

    人们往往认为能够取得成功，主要是智商高，而心理学家认为：情商水平的高低对于一个人能否取得成功是很重要的，有时甚至超过智商。调查表明：一个人成功的诸多因素中，智商只起到了 20% 的决定作用，而情商却占到了 80%。情商没有特别明显的先天差别，更多的是靠后天培养。正因为这样，本书在每个专项任务中都开辟了"情商培育"专栏，通过名人名言，小故事等，寓教于乐，唤起师生对情商培养的重视。

三、编排新颖独特

    全书由五大专项实训任务、六个综合实训、九套模拟试卷和一个附录构成。每一专项实训任务包括实训目标、工作任务、工作情境、工作结果、工作评价、情商培育、同步训练、参考答案等部分；六个综合实训与九套模拟试卷包括单项选择题、多项选择题、改错题、补写题、判断题、填空题、写作题、名词解释、分析题、简答题等，充分体现编者思维的超前、理念的创新、育人的苦心。比如根据论文写作提纲补写摘要、关键词，题型实属独创，且符合科学性：摘要与写作提纲同是概括论文要点，前者比后者更精练，当然可以从后者提取；关键词来源于标题和内容，让学生从标题与提纲中选取，准确便捷。尤其是五大专项实训任务中的教学示范，使工学结合进教材，进课堂。高等职业技术学院的学生约有三分之二的时间是课堂教学，约有三分之一的时间是实训、实习、顶岗等，研究、探讨、尝试课堂教学如何实施工学结合是非常有意义的。

四、方便师生教学

师生在用卷、用例、教学中常常为有题目没有答案而犯愁，这本书为广大师生排忧解"愁"，满足大家的愿望。

黄绮冰

二〇一一年十二月于南京

目　录

任务一

公务文书写作实训

实训目标

通过以工作过程为导向的实训，培养学生公文写作、自学、信息获取与利用、理论联系实际、领悟沟通等能力，使学生一上岗就能比较规范地撰写、制发公文。重点掌握通知、通报、公告、通告、报告、请示、批复、函、会议纪要等文种的写法。

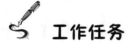

工作任务

请批编制 ➡ 转发文件 ➡ 申请经费 ➡ 表彰先进 ➡ ……

工作情境

林建伟同学到敬德市计划经济委员会（简称计经委）顶岗实习，恰逢该单位为了加强敬德市的能源管理，经市政府同意拟成立"敬德市节约能源中心"（简称节能中心）。计划经济委员会主任要求林建伟向市编制委员会写个公文，请批编制，并告诉林建伟节能中心的职能与编制是：为市政府制定能源政策提建议，进行行业管理，负责全市节能工作的指导、监督，节能的科研工作，节能技术推广等；节能中心是市计经委的直属事业单位，局级建制，设5个处室，需用人员52人（处室设置及人员配备见附表）；节能中心的人员调配由计经委解决。该公文的签发日期是2011年12月16日。

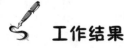

工作结果

敬德市计划经济委员会关于审批市节约能源中心编制的请示

敬德市编制委员会：

为了加强全市的能源管理，经市政府同意，拟成立"敬德市节约能源中心"（简称节能中心）。节能中心的职能是：为市政府制定能源政策提建议，进行行业管理，负责全市的节能工作的指导、监督，节能的科研工作，节能技术推广等。节能中心是市计经委的直属事业单位，局级建制，设5个处室，需用人员52人。节能中心的人员调配由我计经委自行解决。

妥否，请批示。

附件：处室设置及人员配备表。

敬德市计划经济委员会（印）

二〇一一年十二月十六日

（联系人：×××，联系电话：××××××××××××）

工作评价

林建伟的请示，一是体现了公文规范性的特点，全篇有规范的标题、主送机关、正文、附件、发文单位、成文日期、附注，即公文格式规范；二是注意"一事一请"——审批"节能中心编制"；三是把握了公文语言的平实性，语言通俗、准确、简洁、严谨。这篇请示的标题三要素齐全，事由概括精练；正文包括请示缘由、请示事项、结语三部分，流畅完整；"处室设置及人员配备表"作为附件很稳妥；尤其是附注能写明联系人与联系电话，说明该同学对请批事项的高度重视。

但是，文种用错了。**请示**适用于向上级机关请求指示、批准（必须是隶属关系），而敬德市计划经济委员会与敬德市编制委员会没有隶属关系。

那么，这里应该用什么文种呢？换句话说，哪个文种也有请求批准的功用呢？

函适用于**不相隶属机关**商洽工作、询问和答复问题、请求批准和答复审批事项。

可见，这里应该用函。因为"市计划经济委员会"与"市编制委员会"是平行单位，不相隶属。相关单位的隶属关系如图 1.1 所示。

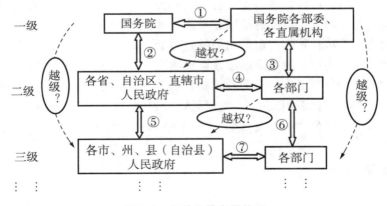

图 1.1 各单位的隶属关系

更正

敬德市计划经济委员会关于审批市节约能源中心编制的函

敬德市编制委员会：

为了加强全市的能源管理，经市政府同意，拟成立"敬德市节约能源中心"（简称节能中心）。节能中心的职能是：为市政府制定能源政策提建议，进行行业管理，负责全市的节能工作的指导、监督，节能的科研工作，节能技术推广等。节能中心是市计经委的直属事业单位，局级建制，设 5 个处室，需用人员 52 人。节能中心的人员调配由我计经委自行解决。

妥否，请予以函复。

附件：处室设置及人员配备表

敬德市计划经济委员会（印）
2011 年 12 月 16 日

情商培育

何为情商

心理学家通过研究发现，智商水平差不多的人中，有的招人喜欢，有的惹人生厌；面对挫折之时，有的迅速化解，有的一筹莫展。这是为什么呢？主要还是由于情商水平的不同。在一个人成功的诸多因素中，智商只起到了 20% 的作用，而情商却占到了 80%。

情商是一个与智商相对应的概念。情商又被称为情绪智力，主要是指人在情绪、情感、意志、耐受挫折等方面的品质。以往大家普遍认为，一个人能够取得成功，主要是因为他的智力水平高，即智商高，并且认为智商越高，成功的可能性也就越大。但是，在心理学家提出情商的概念后，大家普遍认为，情商水平的高低对于一个人能否取得成功是很重要的，有些时候，其作用甚至超过智力水平。其实，每个人的情商并没有特别明显的先天差别，更多的是由后天培养出来的。

情商包括：了解自己的情绪、情绪变化及变化的原因；善于控制自己的情绪，抑制消极情绪，并对自己做激励；了解他人的情绪，即善解人意，并由此与不同性格和类型的人平安相处、愉快合作等。所以，不难看出，情商和智商既有区别，又相辅相成，因为情商可以帮助智商更好地发挥作用。

美国的一些学校已开始创造性地实施"情商扫盲"，开设了包括实用心理学、交际技巧、情绪控制技巧等课程。其中，教学生如何控制或平息愤怒、焦躁、忧郁等不良或消极情绪的课程特别受欢迎。结果表明，在实施"情商扫盲"的学校里，学生们的课堂纪律比以前好了，爱打架的行为明显减少了，学习成绩也提高了。最重要的是，许多学生都有了"生活在温暖集体中"的观念，或是拥有了更多的朋友。情商较低的人在儿童期就会显现出竞争的劣势，他们在挫折面前往往不知所措，难以在失败后重整旗鼓、迎头赶上。相反，那些善于分清自己种种感觉的学生们，则往往可以明智地做出自我控制的选择。

情商的形成主要与非理性的因素有关。情商通过影响人的兴趣、意志和毅力，加强或者弱化人认识事物的驱动力。智商不是很高，而情商却很高的人，在学习效率上虽然不如智商高的人，但很多时候反而比智商高的人学得更好，成就更大。另外，情商对人际关系的处理有较大的影响，因为它是自我和他人情感把握和调节的一种能力。情商与社会生

应用写作实训

活、人际关系、健康状况、婚姻状况有着密切的关联。

（王宇. 何为情商［DB/OL］. http://lz. book. sohu. com/chapter－20924－116939255. html,2012－01－06. ）

同步训练（一）

一、单项选择题（每小题 1.5 分，共 45 分。在备选答案中只有一个是正确的，将其选出并把它的标号写在题后的横线内）

1. 颁布《××市工程招标管理办法》，应使用的文种是＿＿＿。
　　A. 决定　　　　　　B. 通知　　　　　　C. 命令　　　　　　D. 公告

2. "请示"的抄送机关不能是＿＿＿。
　　A. 受双重领导的另一个领导机关　　　B. 负责批复的机关
　　C. 自己的下级机关和同级机关　　　　D. 特殊情况越级请示时越过的直接上级机关

3. 联合行文的成文时间，以＿＿＿为准。
　　A. 领导人签发的日期　　　　　　　　B. 最后签发机关领导人签发的日期
　　C. 发出的日期　　　　　　　　　　　D. 会商的日期

4. 收文处理的中心环节是＿＿＿。
　　A. 批办　　　　　　B. 签发　　　　　　C. 查办　　　　　　D. 承办

5. 撰写请示，要求＿＿＿。
　　A. 主送一个主管的上级机关　　　　　B. 主送上级机关的领导人
　　C. 受双重领导的机关主送两个上级机关　D. 主送主管的与有关的上级机关

6. 行文规则指＿＿＿。
　　A. 公文管理的规则　　　　　　　　　B. 公文传递运行的规则
　　C. 公文撰制处理的规则　　　　　　　D. 公文发文的规则

7. 下述公文格式中，属于页眉的数据项是＿＿＿。
　　A. 发文字号　　　B. 成文日期　　　C. 签署　　　D. 文件标题

8. 《国家行政机关公文处理办法》中所规定的文种"议案"，其作者是＿＿＿。
　　A. 各级人民政府　　　　　　　　　　B. 各级人大的代表
　　C. 各级政协的代表　　　　　　　　　D. 各级政府领导

9. 主送机关指＿＿＿。
　　A. 收文机关　　　　　　　　　　　　B. 办理或答复收文的机关
　　C. 需要了解收文内容的机关　　　　　D. 必须送达的机关

10. 表彰先进、批评错误、传达重要精神或者情况时使用的公文是＿＿＿。
　　A. 通告　　　　　　B. 通报　　　　　　C. 通知　　　　　　D. 决定

11. 盖印章时，应做到＿＿＿。
　　A. 上压正文，下不压成文日期　　　　B. 既压正文，又压成文日期
　　C. 上不压正文，下压成文日期　　　　D. 上不压正文，下不压成文日期

12. 下列公文用语含歧义的是＿＿＿。
　　A. 为严肃校纪，决定给予开除学籍处分，并通报全校
　　B. 本案三个调查组工作人员，分别到广州、上海、南宁取证
　　C. 贵单位接到通知后，请迅即办理
　　D. 你单位×字〔2001〕1 号文件《关于增加 2001 年度科研经费的请示》现批复如下

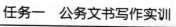

13. 下列不属于行政公文特点的是____。
    A. 由法定作者制发   B. 具有制发程序性和法定效力
    C. 具有规范体式   D. 具有行文规则

14. 注发，指____。
    A. 在定稿上注明办理情况   B. 在定稿上批注缮印要求
    C. 在定稿上批注发文要求   D. 在定稿落款处签署

15. 向同级业务主管部门请求批准时，应使用的文种是____。
    A. 请示   B. 报告   C. 议案   D. 公函

16. 核签是指____。
    A. 联合行文时各机关领导人共同审核签发文件
    B. 领导人审核拟办意见并签署姓名和日期
    C. 对重要的发文稿进行批注
    D. 重要的发文稿请上级机关领导人再次签发

17. 公文用纸采用的尺寸是____。
    A. 140 mm×203 mm   B. 210 mm×297 mm
    C. 176 mm×250 mm   D. 184 mm×260 mm

18. 发文字号中的"年度"需要____。
    A. 用中括号括起来   B. 用六角括号括起来
    C. 用大括号括起来   D. 用方括号括起来

19. 用于注明卷内文件与立卷状况的是____。
    A. 卷内备考表   B. 文件分类表   C. 卷内文件目录   D. 案卷目录

20. 对重要事项或重大行动做出安排，应使用的文种是____。
    A. 公告   B. 通告   C. 决定   D. 命令

21. 立卷之前，通常应____。
    A. 编制分类方案   B. 填写卷内备考表
    C. 填写卷内文件目录   D. 填写案卷目录

22. 联合行文的作者，应为____。
    A. 具有隶属关系的机关   B. 同级别的机关
    C. 同一组织系统中的上下级机关   D. 具有业务指导关系的机关

23. 国家主席依照有关法律公布行政法规和规章，应当用____。
    A. 令   B. 决定   C. 通知   D. 公告

24. 应标志签发负责人姓名的文件一般是____。
    A. 重要的请示   B. 重要的通报
    C. 重要的会议文件   D. 重要的通知

25. 撰写批复的意见，不能____。
    A. 有问必答   B. 态度明确   C. 意见可行   D. 泛泛而谈

26. 公文正文一律采用____。
    A. 3 号宋体字   B. 3 号仿宋体字   C. 4 号宋体字   D. 5 号宋体字

27. 以机关名义对外签发公文，必须遵循____。
    A. 集体会商的原则   B. 先核后签的原则

C. 正职签发的原则　　　　　　　　　D. 规范签发的原则

28. 签署是指＿＿＿。

    A. 机关领导人在定稿上亲笔签名

    B. 以机关领导人名义颁发的公文，领导人在正本上亲笔签名

    C. 机关领导人对收文的办理签注批示意见

    D. 文件的承办人在文件处理单上亲笔签名

29. 给直属上级的请示，使用第一人称最恰当的是＿＿＿。

    A. 本单位　　　　B. 本人　　　　　C. 我　　　　　　D. 该

30. "工作总结"的根本任务是＿＿＿。

    A. 态度实事求是，总结成绩和问题　　B. 关键是找出问题，以利于解决问题

    C. 找出工作规律，把工作向前推进　　D. 总结成绩，介绍经验

二、多项选择题（每小题 3 分，共 15 分。在备选答案中至少有两个是正确的，只有将其正确答案全部选出才能得分）

1. 清退工作的意义在于＿＿＿。

    A. 防止公务文书丢失，确保党和国家秘密的安全

    B. 防止无用信息的扩散，避免造成被动局面和不良影响

    C. 保护文件，便于立卷归档

    D. 通过对文书清退分流，提高其运转速度

    E. 退回错误来文，避免工作失误

2. 向不相隶属的机关发文请求事项，不能用＿＿＿。

    A. 请示　　　　B. 报告　　　　　C. 公函　　　　D. 通知　　　E. 通报

3. 不能作为请示结束语的是＿＿＿。

    A. 上述要求如无不妥，请予批示　　　B. 上述要求妥否，请批示

    C. 以尽快批示为要　　　　　　　　　D. 以尽快批示为宜

    E. 请速批示，谨致谢忱

4. 应当标明文件份数序号的公文是＿＿＿。

    A. 绝密文件　　　B. 机密文件　　　C. 秘密文件

    D. 一般文件　　　E. 紧急文件

5. 公文标题中除＿＿＿加书名号之外，一般不加标点符号。

    A. 法规名称　　　B. 规章名称　　　C. 被转发的文件名称

    D. 被印发的文件名称　　　　　　　E. 被批复的文件名称

三、修改下列文件标题（每小题 2 分，共 8 分）

1. ××市人民政府就企业改革问题的答复

2. ××大学优秀学生评奖

3. ××交通局×水电站施工期间严重影响我们水运的情况报告的汇报请示

4. ××省交通厅关于国家安全部、交通部两部贯彻国家安全法有关规定文件中有关问题的请示

四、指出错误并改写（20分。指出下列实习生写的公文文稿的错误之处，并根据公文写作与处理的要求，改写为一份正确的公文）

×××大学文件

×校发〔201×〕××号　　　　　　　　　　　　　　　　　签发人：×××

关于201×年招生计划的申报

市教育委员会：

　　教委（×发〔201×〕×号）文件《关于申报201×招生专业计划的通知》已收到，我们对文件的精神进行了认真学习，大家一致表示要落实教委的意见，积极发展高等职业教育，办好社会所需要的各种新型专业。经我校各院系研究，决定201×年申报25个专业，招收本专科学生共3 000名。特申报给你们。

　　附件：招生计划表。

×××大学
二〇一×年×月×日

主题词：××　　××　　××　　××

抄送市人民政府

×××大学党院办　　　　　　　　　　　　　　　　201×年×月×日印发

五、根据指定要求写作（12分）

要求：

1. 根据指定内容写作：

　　章××同学到某市政公司顶岗实习。该公司正为该市迎奥运而修建WF大街路面，修路期间WF大街东口××至西口××，自××××年×月×日上午9：00时至×××年×月×日夜11：00时禁止各种机动车通行，公司领导要章××以公司的名义特向各界告知。

2. 自选文种，拟定公文标题。

3. 字数不限，将要办之事说清楚即可，文字要简洁明了。

参考答案

一、单项选择题（每小题1.5分，共45分。在备选答案中只有一个是正确的，将其选出并把它的标号写在题后的横线内）

1. D　2. C　3. B　4. D　5. A　6. B　7. A　8. A　9. B　10. B
11. C　12. B　13. D　14. B　15. D　16. D　17. B　18. B　19. A　20. C
21. A　22. B　23. A　24. A　25. D　26. B　27. B　28. B　29. C　30. C

二、多项选择题（每小题3分，共15分。在备选答案中至少有两个是正确的，只有将其正确答案全部选出才能得分）

1. ABD　2. ABDE　3. CDE　4. AB　5. AB

三、修改下列文件标题（每小题2分，共8分）

1. 答：将"就"字改为"关于"，将"答复"改为"批复"，即"××市人民政府关于企业改革问题的批复"。

2. 答：在"大学"后面加"关于"，在"评奖"后面加"情况"，即"××大学关于优秀学生评奖情况的通报"。

3. 答：将"×"、"期间严重"、"我们"删掉，删去"的汇报请示"，改为"××交通局关于水电站施工影响水运的情况报告"。

4. 答：删去"国家安全部、交通部两部"和"文件中有关"，在"规定"后加"的"字，改为"××省交通厅关于贯彻国家安全法有关规定中的问题的请示"。

四、指出错误并改写（20分。指出下列实习生写的公文文稿的错误之处，并根据公文写作与处理的要求，改写为一份正确的公文）

答：错误之处如下。

（1）标题文种错误。或写请示，要求上级批给指标，这适宜单独申请。或写报告，报送招生计划表。从文中的意思看显然是后者。

（2）内容方面应当符合报送报告的特点，格式方面应去掉主题词。

（3）引述来文不合乎《办法》的规定。应先引述来文标题，再引述来文发文字号。

（4）文件用语，第一人称不宜用"我们"，要符合法定作者的身份，改为"我校"。

全文修改如下。

×××大学文件

×校发〔201×〕××号　　　　　　　　　　　　　签发人：×××

关于201×年招生计划的报告

××市教育委员会：

　　教委《关于申报201×招生专业计划的通知》（×发〔201×〕×号）已收到。我校决定落实文件的精神，积极发展高等职业教育，办好社会所需的各种新型专业。我校各院系201×年计划办25个专业，招收本专科学生共3 000名。现特将招生计划表报审，请查收。

　　特此报告。

　　附件：招生计划表

　　　　　　　　　　　　　　　　　　　　　　　　　×××大学
　　　　　　　　　　　　　　　　　　　　　　　　201×年×月×日

抄送：××市人民政府

××大学党院办　　　　　　　　　　　　　　201×年×月×日印发

五、根据指定要求写作（12分）

××市政公司通告

为迎奥运WF大街将全面展开修路工作。为了保证工程进度和质量，经市政府批准，修路期间WF大街东口××至西口××，自××××年×月×日上午9：00时至××××年×月×日夜11：00时，禁止各种机动车通行，请车辆绕行。

特此通告。

××市政公司（章）
××××年×月×日

同步训练二

一、单项选择题（每小题1.5分，共45分。在备选答案中只有一个是正确的，将其选出并把它的标号写在题后的横线内）

1. 公文中一般不采用的表达方式是＿＿＿＿。
　　A. 议论　　　　　　B. 说明　　　　　　C. 叙述　　　　　　D. 描写
2. 向下级机关的重要行文，应抄送＿＿＿＿。
　　A. 直接上级机关　　B. 其他下级机关　　C. 同级机关　　　　D. 业务主管机关
3. 公文格式中，属于主体部分的是＿＿＿＿。
　　A. 发文字号　　　　B. 成文日期　　　　C. 注释　　　　　　D. 份号
4. 承办是指＿＿＿＿。
　　A. 对公文的办理提出建议　　　　　　　B. 做好处置办毕文件的准备工作
　　C. 对来文贯彻或办复　　　　　　　　　D. 针对来文批示办理意见
5. 最有效的催办方式是＿＿＿＿。
　　A. 电话催办　　　　B. 文字催办　　　　C. 登门催办　　　　D. 会议催办
6. 向不相隶属机关发文，属于＿＿＿＿。
　　A. 上行文　　　　　B. 平行文　　　　　C. 下行文　　　　　D. 上行文或平行文
7. 发文字号指的是＿＿＿＿。
　　A. 代字　　　　　　　　　　　　　　　B. 文件年号
　　C. 同文本文件的印刷份数编号　　　　　D. 标志机关、年度的发文序号
8. 写请示必须＿＿＿＿。
　　A. 用"请示报告"这个文种　　　　　　B. 一文一事
　　C. 注明办理期限　　　　　　　　　　　D. 用"报告"这个文种
9. 判定文件主送机关的依据是＿＿＿＿。
　　A. 机关级别层次的高低　　　　　　　　B. 是否对文件承担主办或答复的责任
　　C. 是否具有直接的上下级关系　　　　　D. 是否是本系统内的机关

10. 以领导人名义制发的文件，其生效标志是指____。

    A. 单位的公章　　　　　　　　　　　　B. 在签发文稿上所盖的公章

    C. 领导人在公文正本上的签署　　　　　D. 领导人在签发文稿上的签字

11. 一般业务部门向档案管理部门移交档案的时间是____。

    A. 当年 12 月份　　　B. 次年 1 月份　　　C. 次年 2 月份　　　D. 次年 6 月份

12. 不含歧义的公文用语是____。

    A. 本区新建三座一千平方米的教学楼　　B. 谈判双方已就善后事宜达成一致意见

    C. 此案涉及四个课题组成员　　　　　　D. 十八岁以下的未成年人均可以参赛

13. 给不相隶属的机关发文，从行文方向上说，____。

    A. 只能够是上行文　　　　　　　　　　B. 只能够是下行文

    C. 只能够是平行文　　　　　　　　　　D. 是上行文或平行文

14. 用数词表示文件层次时，数词表示层次的顺序是____。

    A. 第一层为"一、"，第二层为"（一）"，第三层为"1."，第四层为"（1）"

    B. 第一层为"一、"，第二层为"一、"，第三层为"（一）"，第四层为"1"

    C. 第一层为"（一）"，第二层为"一、"，第三层为"（1）"，第四层为"1."

    D. 第一层为"一、"，第二层为"1."，第三层为"（1）"，第四层为"1"

15. 函的重要功能之一是____。

    A. 商洽工作　　　　B. 记载情况　　　　C. 反映情况　　　　D. 传达重要精神

16. 在被调查的事物范围中抽取部分进行调查，称为____。

    A. 普遍调查　　　　B. 典型调查　　　　C. 抽样调查　　　　D. 实地观察

17. 布告用纸采用____。

    A. A3 型　　　　　　　　　　　　　　　B. A4 型

    C. B5 型　　　　　　　　　　　　　　　D. 根据实际需要的大小来决定

18. 发文机关指____。

    A. 制发公文的机关　　　　　　　　　　B. 撰写公文机关的简称

    C. 联合发文的主办机关　　　　　　　　D. 印制公文的机关

19. 卷内文件目录不包括的项目是____。

    A. 顺序号　　　　　　　　　　　　　　B. 发文字号、作者、文件标题

    C. 日期、页号、备注　　　　　　　　　D. 立卷人、立卷时间

20. "公告"根据《办法》适用于____。

    A. 向国内外宣布重要事项或者法定事项

    B. 公布社会有关方面应当遵守或者周知的事项

    C. 对重要事项或者重大行动做出安排

    D. 宣布施行重大强制性行政措施

21. 立卷人签字，应签在____的立卷人栏目内。

    A. 案卷备考表　　　B. 卷内备考表　　　C. 卷内文件目录　　　D. 案卷目录

22. "意见"根据《办法》适用于____。

    A. 对下级机关布置工作，提出开展工作的原则和要求

    B. 对重要问题提出见解和处理办法

    C. 对下级机关不适当的决定予以撤销

D. 适用于答复下级机关的请示事项

23. 拟办是指____。
   A. 对公文的办理提出建议
   B. 做好处置办毕文件的准备工作
   C. 拟写需要办复的公文
   D. 针对待办理的重要文件撰拟公文摘要

24. 下列在请示中的结束语得体的是____
   A. 以上事项，请尽快批准！
   B. 以上所请，如有不同意见，请来函商量。
   C. 所请事关重大，不可延误，务必于本月 10 日前答复。
   D. 以上所请，妥否？请批示。

25. 下面的批复开头最不恰当的是____
   A. 你单位×年×月×日《关于××问题的请示》已收悉，经研究，批复如下。
   B. 你单位《关于××问题的请示》（×发〔2012〕×号）已收悉，经研究，批复如下。
   C. 你单位《关于××问题的请示》已收悉，经研究，批复如下。
   D. 你单位的请示已收悉，经研究，批复如下。

26. 合同的非主要条款是____。
   A. 标的、数量和质量
   B. 价款和酬金、履行的期限
   C. 违约责任和解决争议的办法
   D. 当事人的落款、开户银行、公证机关签署意见

27. 签发人标志用于____。
   A. 所有的公文   B. 上行文   C. 平行文   D. 下行文

28. 归档的短期保管的文件，年限为____年以下。
   A. 15   B. 10   C. 5   D. 3

29. 呈送给上级的报告或请示，第二人称称谓最为恰当的是____。
   A. 贵单位   B. 根据上级机关的级别，称为"厅、局、处……"
   C. 你单位   D. 该单位

30. ×省交通厅以加强交通管理为内容的公文，要使全省周知执行，最适宜使用的文种
是____。
   A. 通知   B. 通报   C. 决定   D. 通告

二、多项选择题（每小题 3 分，共 15 分。在备选答案中至少有两个是正确的，只有将其正确答案全部选出才能得分）

1. 公文的紧急程度分为____。
   A. 特急   B. 急件   C. 火急   D. 加急   E. 平件

2. 发文文稿的形成包括的环节有____。
   A. 拟稿   B. 会商   C. 核稿   D. 签发   E. 注发

3. 不能作为批复结束语的是____。
   A. 上述批复如无不妥，请参照执行   B. 上述批复如有不妥，请予回函
   C. 特此批复   D. 此致敬礼
   E. 此复在执行中若有新问题，必须立即上报

应用写作实训

4. 下列文种必然属于上行文的是____。
   A. 命令　　　　　　B. 通知　　　　　　C. 请示　　　　　D. 报告　　　　E. 通报
5. 写主送机关应当标明____或____或____。
   A. 主送机关的全称　　　　　　　　B. 主送机关的规范化简称
   C. 同类机关的统称　　　　　　　　D. 约定俗成的称谓
   E. 本单位言谈中的简称

三、修改下列文件标题（每小题 2 分，共 8 分）

1. ××厂向上级的请示报告
2. 扩大经营范围决定的请示
3. ×公司关于开展春季运动会的决定的通知
4. ××公司关于完全彻底地开展增收节支活动的通报

四、指出错误并改写（12 分。指出下列实习生写的公文文稿的错误之处，并根据公文写作与处理的要求，改写为一份正确的公文）

××市工业总公司文件

公司发〔201×〕×号

关于加强自检，坚决杀住企业吃喝风的通知

各厂矿、工厂：

　　总公司财经纪律检查组本次年底大检查，发现各单位年底宴请频繁，名目繁多的请客送礼，导致很大浪费，广大工人同志对企业干部这种腐败现象极为不满，广大党员对此极为不满。各单位要为了加强廉政建设，维护企业利益，所以总公司办公会议研究决定，各单位必须成立纪检小组。通过加强自检，并在一个月内，将自检报告上报公司。

　　特此通知。

××市工业总公司
二〇一×年×月×日

主题词：××　××　××　××

抄送：××市工业局

××市工业总公司办公室　　　　　　　　　　　　　　　201×年×月×日印发

五、根据指定要求写作（20 分）

要求：

1. 根据指定内容写作：

　　某大学化学系，为了使三年级学生了解现代有机化学的发展现状，特去信与该市化工研究所联系，希望安排学生前去参观，并请该所著名研究员×××介绍情况。该市化工研究所见信后，经研究同意该大学化学系的请求，特邀请化学系来人面商参观事宜。

2. 自选文种，拟定公文标题。

3. 字数不限，将要办之事说清楚即可，文字要简洁明了。

参考答案

一、单项选择题（每小题 1.5 分，共 45 分。在备选答案中只有一个是正确的，将其选出并把它的标号写在题后的横线内）

1. D　　2. A　　3. B　　4. C　　5. C　　6. B　　7. D　　8. B　　9. B　　10. C

11. D　　12. B　　13. C　　14. A　　15. A　　16. C　　17. D　　18. A　　19. D　　20. A

21. B　　22. B　　23. A　　24. D　　25. D　　26. B　　27. B　　28. A　　29. B　　30. D

二、多项选择题（每小题 3 分，共 15 分。在备选答案中至少有两个是正确的，只有将其正确答案全部选出才能得分）

1. AB　　2. ABCD　　3. ABD　　4. CD　　5. ABC

三、修改下列文件标题（每小题 2 分，共 8 分）

1. 答：将"向上级"改为事由，"请示报告"改为"请示"，即"××厂关于××问题的请示"。

2. 答：加上发文单位，并将"决定"去掉。

3. 答：将"开展"改为"举办"，将"的决定"去掉，即"××公司关于举办春季运动会的通知"。

4. 答：将"完全彻底地"去掉，即"××公司关于开展增收节支活动的通报"。

四、指出错误并改写（12 分。指出下列实习生写的公文文稿的错误之处，并根据公文写作与处理的要求，改写为一份正确的公文）

答：文稿错误如下。

（1）标题中有错字，"杀住"应为"刹住"。

（2）根据文种"通知"的写作要求，通知应当有具体事项。该文具体安排事项不够明确，不便于开展工作。例如，成立自检小组，在什么时间开展自检，又在什么具体时间内完成？"一个月"，有些模糊；自检哪些具体问题？

（3）句子有语病。

"宴请频繁，名目繁多的请客送礼"，句子中的"宴请"和"请客"概念重复。

"导致很大浪费"句中动宾不搭配，应改为"造成很大浪费"。

"各单位要为了加强廉政建设，维护企业利益，所以总公司办公会议研究决定，各单位必须成立纪检小组"，该句子句式杂糅，应删去"各单位要"。

（4）主送单位"各厂矿、工厂"语义重复，删去后面的"工厂"。

（5）标点多处错误。

（6）应去掉主题词。

（7）成文日期应用阿拉伯数字。

更正如下。

××市工业总公司文件

公司发〔201×〕×号

关于加强自检，坚决刹住企业吃喝风的通知

各直属单位、分公司和厂矿：

总公司财经纪律检查组在本次年底大检查中，发现各单位年底以各种名目送礼，高档宴请，给国家和集体造成极大的浪费。广大党员群众对这种腐败现象极为不满。为了加强廉政建设，维护国家和集体的利益，经总公司办公会议研究决定，各单位要坚决刹住吃喝风，严禁公款送礼，并在全系统内开展廉政自检工作。为此特将有关事宜通知如下。

一、各单位自201×年×月×日起，由所在单位一把手、工会负责人和财务部门组成纪检小组，并于201×年×月×日将自检小组名单上报总公司办公室。

二、各单位自检项目如下：（略）

三、各单位自检工作，于201×年×月×日始至×月×日初步结束，并将自检报告上报公司。

各单位接到通知后，必须从思想上高度重视，切实把廉政自检工作搞好。

××市工业总公司
201×年×月×日

抄送：××市工业局

××市工业总公司办公室　　　　　　　　　　　　201×年×月×日印发

五、根据指定要求写作（20 分）

××大学化学系关于参观××化工研究所的函

××化工研究所：

当今，化学科学发展速度很快，为了培养学生的科学兴趣，提高对学习本学科的重要性的认识，了解当代有机化学的发展现状，特请求贵所接纳我系学生前往参观，如有可能，请安排贵所著名研究员×××先生，为同学们作《当代有机化学的现状与发展》的讲座。为了培养我国化学事业接班人，望贵所大力支持为盼。

××大学化学系（章）
2012 年 2 月 5 日

（回函请寄本市×××路××大学化学系办公室，邮政编码：××××××）

××化工研究所关于××大学化学系前来参观的复函

××大学化学系：

贵单位《××大学化学系关于参观××化工研究所的函》（×发〔2012〕×号）收悉。经所长办公会议研究，同意贵单位组织学生前来参观，安排×××先生为同学作报告。

为了办好此次活动，我单位决定由办公室李××同志具体负责，特请贵单位派人前来共同研究具体活动安排。

特此函复。

××化工研究所（章）

2012 年 2 月 12 日

（联系人：×××，联系电话：×××××××）

同步训练（二）

一、单项选择题（每小题 1.5 分，共 45 分。在备选答案中只有一个是正确的，将其选出并把它的标号写在题后的横线内）

1. 公文中兼用的表达方式是____。
   - A. 议论、描写、说明
   - B. 说明、议论、抒情
   - C. 叙述、议论、说明
   - D. 说明、描写、叙述

2. 抄送机关指____。
   - A. 收文机关
   - B. 办理或答复收文的机关
   - C. 需要了解收文内容的机关
   - D. 必须送达的机关

3. 成文日期通常是指____。
   - A. 草拟公文文稿的日期
   - B. 公文印制完毕的日期
   - C. 领导人在公文正本上签署的日期
   - D. 领导人签发文稿的日期

4. 文件处理的中心环节是____工作。
   - A. 批办
   - B. 批办
   - C. 承办
   - D. 注办

5. 对来文的办理情况进行催促的公文处理程序称为____。
   - A. 批办
   - B. 催办
   - C. 查办
   - D. 注办

6. 下面公文中，属于下行文的是____。
   - A. 请示
   - B. 函
   - C. 决定
   - D. 报告

7. 正确的发文处理程序是____。
   - A. 拟稿、核稿、缮印、签发、校对
   - B. 拟稿、签发、核稿、缮印、校对
   - C. 核稿、签发、拟稿、缮印、校对
   - D. 拟稿、核稿、签发、缮印、校对

8. 附件具有____。
   - A. 与正件相同的法定效用
   - B. 法定效用的看法是错误的
   - C. 法定效用仅是某些特定的材料
   - D. 对正件的补充说明作用，因而不具有法定效用

9. 能够以"公告"形式发布的是____。

A. 政府职能部门依法发布的规定　　　　B. 地方政府规章

C. 各类规章制度　　　　　　　　　　　D. 全国性法律

10. 公文正文中的导语用来____。

　　A. 引述领导人的讲话　　　　　　　　B. 表明制发公文的依据、目的或原因

　　C. 表明公文撰写的时间和地点　　　　D. 作为公文开头的谦语

11. 不需标注密级的公文有____。

　　A. 绝密件　　　　B. 秘密件　　　　C. 机密件　　　　D. 内部文书

12. 下列公文用语没有语病的是____。

　　A. 依法加强对集贸市场的监督管理，不断提高集贸市场的管理水平

　　B. 依法进一步加强对集贸市场的商品质量的检验，打击不法商贩的假冒伪劣的欺诈
　　　 行为

　　C. 引导加强个体经济的健康发展，加强对个体经济的管理和监督

　　D. 为了提高工商行政人员的管理队伍的素质，把廉政建设放在首位

13. 《春江饭店职工守则》的作者是____。

　　A. 春江饭店　　　　　　　　　　　　B. 春江饭店人事部

　　C. 签发人王总经理　　　　　　　　　D. 春江饭店全体职工

14. 在行政公文中全部使用阿拉伯数码的有____。

　　A. 成文日期　　　　　　　　　　　　B. 结构层次部分序数

　　C. 具有修辞色彩的语句　　　　　　　D. 表示结论性的数字

15. 撰写复函时，正文的开头应首先____。

　　A. 写明来函日期及标题　　　　　　　B. 阐述有关规定

　　C. 写明具体的回复意见　　　　　　　D. 引用重要领导人的有关批示意见

16. 对短期工作进行布置的计划，称为____。

　　A. 方案　　　　B. 规划　　　　C. 安排　　　　D. 设想

17. 公文用纸采用____型。

　　A. A3　　　　B. A4　　　　C. B5　　　　D. 16 开

18. 发文机关应当使用____。

　　A. 发文机关的简称或缩写　　　　　　B. 发文机关的全称或规范化简称

　　C. 发文机关的全称或别称　　　　　　D. 发文机关的全称或简称

19. 国家主席依照有关法律宣布施行重大强制性行政措施应当用____。

　　A. 令　　　　B. 决定　　　　C. 通知　　　　D. 公告

20. 传达重要精神或者情况，使用____。

　　A. 决定　　　　B. 通告　　　　C. 通知　　　　D. 通报

21. 跨年度的请示与批复，应放在____的年度立卷。

　　A. 发出请示　　　　　　　　　　　　B. 接到批复

　　C. 请示或批复任选　　　　　　　　　D. 各自

22. 答复下级机关的请示事项，使用____。

　　A. 指示　　　　B. 批复　　　　C. 通知　　　　D. 通报

23. 应标志签发负责人姓名的文件一般是____。

　　A. 上行文　　　　B. 平行文　　　　C. 下行文　　　　D. 越级行文

24. 急件处理的时限为____。
    A. 不得超过三天   B. 不得超过两天
    C. 不得超过四天   D. 原则上随到随办

25. 撰写批复，开头应写明____。
    A. 上级机关的指示   B. 国家的有关法规
    C. 下级机关的工作情况   D. 针对请示的日期与标题

26. 不需标注紧急程度的公文有____。
    A. 特急件   B. 加急件   C. 急件   D. 平件

27. 签发，是____。
    A. 机关领导人在发文稿上签名   B. 机关领导人在文件正本上签名
    C. 文件承办人在文件处理单上签名   D. 机关领导人对来文办理进行批示

28. 办毕文书的处置方式，不应是____。
    A. 交给部门领导   B. 立卷归档、移交   C. 清退、暂存   D. 销毁

29. 给不相隶属机关的复函，第二人称采用____最为恰当。
    A. 你单位   B. 贵单位   C. 该单位   D. 你们单位

30. 下面会议通知的地点，撰写得最不妥当的是____。
    A. ××区××街××单位   B. ××单位小礼堂
    C. ××区××街××单位小礼堂   D. ××区××街××单位×号楼四楼小礼堂

二、多项选择题（每小题 3 分，共 15 分。在备选答案中至少有两个是正确的，只有将其正确答案全部选出才能得分）

1. 发文文稿的形成包括____等环节。
    A. 注发   B. 拟稿   C. 会商   D. 核稿   E. 签发

2. 计划的根本特点是____。
    A. 具有预见性   B. 具有可行性   C. 具有指导性
    D. 格式规范性   E. 制定权威性

3. 决定（文种）用于____。
    A. 对某一方面的工作做比较全面、系统的规定
    B. 对某一重大行动做出安排
    C. 宣布实施重大强制性行政措施
    D. 变更或撤销下级机关不适当的决定事项
    E. 奖惩有关单位及人员

4. 发文字号应当包括机关代字和____。
    A. 年份   B. 序号   C. 简称   D. 全称   E. 份号

5. 签发人标志用于____文种。
    A. 请示   B. 报告   C. 意见   D. 通报   E. 决定

三、修改下列文件标题（每小题 2 分，共 8 分）

1. ××制药公司解决生产名贵中成药所需虎骨来源的请示

2. ××总公司组建××实业公司的请示报告

3. ××公司对非法倒卖建筑材料的×××开除公职的通知

4. ××总公司对所属单位学徒工转正后关于工资问题的规定

四、指出错误并改写（20 分。指出下列实习生写的公文文稿的错误之处，并根据公文写作与处理的要求，改写为一份正确的公文）

请 示

因工作需要，我县急需购买小轿车一辆，请批准调拨经费×××××元。另：我县尚缺专业对口技术人员××名，请在制定明年人员编制时一并考虑。

上述意见与要求如无不妥，请批复。

此致

敬礼！

××县人民政府

××县财政局

2011 年 6 月

五、给文件分类组卷、题名（12 分。可在括号内分 A、B、C…标志案卷。暂时不需组卷的画"×"，并加以说明）

（1）××市农业局关于召开春季抗旱工作会议的通知

（2）××市农业局关于开展推广 BC—M 新玉米种工作的通知

（3）××市农业局关于举办叶片植龄栽培法学习班的通知

（4）××市农业局叶片植龄栽培法学习班的教学计划

（5）××市农业局叶片植龄栽培法学习班学员登记表

（6）××市农业局叶片植龄栽培法学习班学员学习成绩登记表

（7）××市农业局叶片植龄栽培法学习班工作总结

A：（1）＿＿＿ （2）＿＿＿ （3）＿＿＿ （4）＿＿＿ （5）＿＿＿ （6）＿＿＿ （7）＿＿＿

B：案卷题名＿＿＿＿＿＿＿＿

参考答案

一、单项选择题（每小题 1.5 分，共 45 分）

1. C　2. C　3. D　4. C　5. B　6. C　7. D　8. A　9. A　10. B

11. D　12. A　13. A　14. D　15. A　16. D　17. B　18. B　19. A　20. D

21. B　22. B　23. A　24. A　25. D　26. D　27. D　28. A　29. B　30. B

二、多项选择题（每小题 3 分，共 15 分。在备选答案中至少有两个是正确的，只有将其正确答案全部选出才能得分）

1. BCDE　2. ABC　3. BDE　4. AB　5. ABC

三、修改下列文件标题（每小题 2 分，共 8 分）

1. 答：在"公司"后加"关于"。

2. 答：在"公司"后加"关于"，删除"报告"。

3. 答：在"公司"后加"关于"，将"通知"改为"通报"，将介词"对"删去，移动"开除"一词到"对"的位置。修改后的标题为"××公司关于开除非法倒卖建筑材料的×××公职的通报"。

4. 答：将"关于"前置于发文单位之后，删除介词"对"。修改后的标题为"××总公司关于所属单位学徒工转正后工资问题的规定"。

四、指出错误并改写（20分。指出下列实习生写的公文文稿的错误之处，并根据公文写作与处理的要求，改写为一份正确的公文）

答：文稿错误之处如下。

（1）文件格式不正确：无主送单位，缺少发文字号，成文日期应当用汉字全称。

（2）违反行文规定：根据《办法》，请示内容必须"一文一事"，而文中有两件事情。

（3）尾语啰嗦："此致"和"敬礼"由于上面已经有了期复性尾语，故无必要写。

（4）文件内容不恰当：购买轿车，对于县政府来说不需要上级调拨经费，由县财政自身解决，但需要由主管物资控购办公室的批准才能购买。购车理由不充分。"人员编制"问题，应届时再办。

修改如下。

××县人民政府文件

×县政发〔2011〕××号

关于申请购置轿车的函

地区政府物资控购办公室：

我县是方圆200多公里的大县，外出办公事宜很多，县政府现有的两辆小轿车是十年前添置的，现在经常出故障，已近乎报废，影响我县外出办公。因此，特申请购置一辆小轿车，恳请批准为盼。

附件：购置轿车申报表一份

××县人民政府办公室（章）
2011年×月×日

五、给文件分类组卷、题名（12分。可在括号内分A、B、C…标志案卷。暂时不需组卷的画"×"，并加以说明）

答：A：(1)（×）(2)（×）(3)（A）(4)（A）(5)（A）(6)（A）(7)（A）

B：案卷题名　　××市农业局关于举办叶片植龄栽培法学习班的文件材料

(1)和(2)暂时不需要组卷，因从文件来看，工作似未完成，不能形成反映完整工作的文件。

任务二

事务文书写作实训

实训目标

以工作过程为导向，通过模拟法、讨论法、案例法等，培养学生理论联系实际的能力、社会观察的能力、调查研究的能力、选择材料的能力、概括综合的能力，以及计划、总结、简报、调查报告、会议记录等的写作能力。重点掌握计划、总结、调查报告的写作。

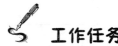

工作任务

计划撰写 ⟶ 总结撰写 ⟶ 调查撰写 ⟶ 会议记录 ⟶ ……

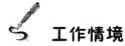

工作情境

吴××同志在成都市政府工作，年终了，领导要他抓紧写个工作总结。

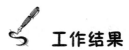

工作结果

2011 年成都市政府工作总结

2011 年，是成都发展史上面临重大困难和艰巨挑战的一年。在党中央、国务院、省委省政府和市委领导下，在市人大、市政协的监督支持下，我们全面落实科学发展观，深入实施城乡统筹"四位一体"科学发展总体战略，紧紧抓住扩大内需、灾后重建和试验区建设三大机遇，着力"保增长，保民生，保稳定"，克服了特大地震灾害和国际金融危机双重不利因素影响，实现了经济社会平稳较快发展，圆满完成了市××届人大二次会议确定的各项目标任务，取得了全国文明城市公共文明指数测评省会、副省级城市第三名的优良成绩。全市实现地区生产总值 4 502.6 亿元，增长 14.7%；地方财政一般预算收入 387.5 亿元，同口径增长 22.3%；固定资产投资 4 025.9 亿元，增长 34%；社会消费品零售总额 1 950 亿元，增长 20.3%；预计城镇居民人均可支配收入 18 659 元、农民人均纯收入 7 129 元，分别增长 10.1% 和 10%。

一、进一步保持了经济平稳较快增长

面对持续扩散蔓延的国际金融危机和严重衰退的世界经济形势，我们全面分析、迎难而上，努力化挑战为机遇，及时实施了抓投资、促消费、保增长的一揽子政策措施，全市经济实现平稳较快发展。

一是工业快速增长。规模以上工业增加值1 477.1亿元，增长21.5%；完成工业投资1 254.1亿元，增长32.9%。京东方4.5代液晶面板线等120个重大项目投产达产，天威光伏二期、中蓝晨光新材料基地等224个重大项目加快建设，一汽大众35万辆轿车等110个项目开工建设。完成工业集中发展区基础设施投资160亿元，聚集规模以上工业企业1 920户，工业集中度达70%。推进中小企业成长工程，新增规模以上企业500户和销售收入过百亿企业2户。民营工业增加值增长20%。

二是服务业加快发展。服务业增加值2 233亿元，增长13.4%。国际商贸城等重大商贸业项目加快建设，阿里巴巴西部基地启动建设。引进投资过亿元物流项目10个，新增中外运等知名物流企业8家，开通成都至卡拉奇、吉隆坡客运直航和至欧洲货运直航，联合中国商飞集团和四川航空组建成都航空，再次荣获中国物流中心城市杰出成就奖。成都银行获批筹建国内首批消费金融公司，南洋商业等6家中外资金融机构落户成都，硅宝科技等5家企业成功上市，市工投集团、兴蓉公司等通过发行债券、信托产品实现融资75亿元。旅游市场迅速回升，"双百工程"扎实推进，锦里二期开街，熊猫卡主题营销成效明显，接待国内外游客5 500万人次，旅游总收入500亿元，分别增长34%和33.2%，被授予世界优秀旅游目的地网络成员。协办和承办西博会、欧洽会、网交会等会展活动320个。新增服务外包企业66家。完成全国第二次经济普查工作。

三是农业稳步发展。农业增加值267.8亿元，增长3.7%。新增生猪、茶叶、猕猴桃、食用菌等优势特色规模生产基地29个、中国地理标志产品2件。启动实施粮食丰产示范工程等农业项目624个，新增农民专业合作支部763个、农用地流转面积64.9万亩，农业产业化带动面67%。完善农业社会化服务体系，建成标准化基层农业综合服务站30个，彭州饕铺3个农业物流基地加快建设，大中型农业物流配送中心累计达13个。新增节水灌面24.6万亩，改造中低产田土13万亩，解决了41万农村人口饮水安全问题。全面启动第二轮扶贫开发，贫困村农民人均增收806元。实现林业总产值247.8亿元，增长15.9%。成功举办第二届成都国际农业博览会。双流等7个区县荣登全省十强县，其中新津县首次入围。

四是开放合作成效明显。实际使用外资28亿美元，到位省外内资1 448亿元，分别增长24.6%和35.5%。新签约富士康、马士基等228个重大项目，新引进德国邮政、埃森哲等世界500强企业9家，落户成都世界500强企业达139家。实现进出口总额178.6亿美元，其中出口105亿美元，分别增长15.4%和15.5%，成都出口加工区综合排名全国第五、中西部第一。全面启动成资、成眉、成阿等合作工业园区建设，完成基础设施投资7.6亿元，引进项目24个，与德阳、雅安、凉山、乐山、泸州区域合作进一步深化，成都、眉山、资阳实现区域通信并网共用长途区号。斯里兰卡设立驻成都总领事馆，与德国波恩市缔结友城关系，与澳大利亚珀斯市建立友好关系，成功加入世界城市联盟。荣获中国内地最具软实力城市称号。

二、进一步加快和提升了灾后重建

坚定不移地用统筹城乡发展的思路和办法推进灾后重建，按照"三年目标任务两年基本完成"的要求，在确保质量的前提下，灾后重建各项工作进展顺利。

一是城乡住房重建基本完成。（略）

二是基础设施重建扎实推进。（略）

三是灾区产业重建全面加快。（略）

三、进一步深化了城乡综合配套改革

按照国务院批准的成都市统筹城乡综合配套改革试验总体方案，深入推进重点领域和关键环节改革，不断完善科学发展体制机制，城乡经济社会发展活力进一步增强。

一是农村产权制度改革和金融体制改革全面推进。（略）

二是城乡管理体制改革稳步推进。（略）

三是城乡社会事业改革深入实施。（略）

四、进一步加速了城乡现代化建设

巩固全国文明城市创建成果，积极推进枢纽中心和市域城镇体系建设，深入实施城乡环境综合治理，强化城市精细化和信息化管理，城乡全面现代化进程进一步加快。

一是枢纽中心建设全面展开。（略）

二是城乡规划建设继续加强。（略）

三是环境综合治理深入推进。（略）

五、进一步发展了城乡社会事业

坚持把保障和改善民生作为促进社会和谐的关键，更加注重公共服务和社会管理，大力实施"八项民生工程"，着力解决群众最关心、最直接、最现实的利益问题。

一是就业社保切实加强。（略）

二是教育卫生提升发展。（略）

三是科技文化蓬勃发展。（略）

四是平安成都扎实推进。（略）

六、进一步强化了政府自身建设

结合深入学习实践科学发展观活动，深化规范化服务型政府建设，转变政府职能，创新服务方式，提高行政效能和服务水平，努力建设人民满意政府。

一是依法行政全面推进。（略）

二是行政效能不断提高。（略）

三是廉政勤政深入开展。（略）

过去的一年，我们不仅积极应对了国际金融危机的严峻挑战，保持了全市经济社会平稳较快发展，而且全面加快和提升了灾后重建，取得了灾后重建重大阶段性成效，全市呈现出灾后重建成效喜人、经济止滑回升、事业全面进步、民生持续改善、社会和谐稳定的良好局面。取得这样的成绩确实来之不易，这是党中央、国务院亲切关怀的结果，是省委、省政府和市委正确领导的结果，是市人大、市政协和社会各界支持监督的结果，是全市人民共同努力的结果。

在看到成绩的同时我们也清醒地看到，我市经济社会发展还存在一些矛盾和不足。全面实现灾后重建的目标还有不少困难和大量工作要做；投资拉动为主的局面还未改变，特别是社会投资情况还不理想；市域现代产业体系的培育远未完成，结构调整和优化升级还任重道远；资源、环境制约和影响日益突出，转变发展方式必须有新的突破性进展；部分群众生活还较困难，就业和社保压力较大，保民生和维护稳定的工作必须进一步加强。对此，我们将采取针对性措施，切实加以解决。

（引自 http://www.diyifanwen.com。）

工作评价

这份总结标题规范完整，采用公文式标题，包括总结时间、总结单位、总结内容和文种；正文包括基本情况（开头第一段）、成绩经验、存在问题等。该总结突出成绩经验，从进一步保持了经济平稳较快增长、进一步加快和提升了灾后重建、进一步深化了城乡综合配套改革、进一步加速了城乡现代化建设、进一步发展了城乡社会事业、进一步强化了政府自身建设六个方面来阐述过去一年所取得的成绩，观点鲜明，材料翔实。由于采用小标题和段前主句，使层次更加清晰。存在问题虽然是多方面的，但采用略写，材料取舍得当，没有冲淡成绩，反而突出了重点。这篇总结中没有很生硬的"今后努力的方向"，仅用"对此，我们将采取针对性措施，切实加以解决"一句带过，不落俗套，又显出总结构的完整。该总结过渡自然，衔接顺畅，语言得体。

23

情商培育

传统行业掘金"拼"的是意志

创业中切忌急躁，特别是遇到挫折时，不要轻易说放弃，而要有坚持不懈的意志力。来自溧水的下岗工人黄昱一波三折的创业经历，为在传统行业创业的人们树立了榜样。

30 岁那年，黄昱失业了。

既无资金又无技术的她，选择了女子美容作为创业方向。不会就学！从那以后，在溧水几家女子美容店里都能看到她的身影。在学徒的日子里，她去得早，回得迟，虚心向老员工学习，争取一切机会进行实践，并不断总结。数月之后，她把别人要学一年多才能掌握的技术学到了手，很多顾客即使排半天队也要等她服务。

不久后，在家人的支持下，黄昱租了一间 60 平方米的房子，开始创业。由于技术精湛，服务周到，她的生意逐渐好了起来。但让人想不到的是，红火的生意让房东有些"眼红"，对方找了"莫须有"的理由，提出收回房子，并限令三天内搬空。由于租房时没签合同，黄昱无奈选择搬家。

为留住客源，黄昱租了附近一家理发店的二楼房子继续营业。生意又很快红火起来。尽管这次的租房合同签了三年，违约责任等也写得很明确，但房东竟然宁可毁约，也要撵她搬家。

创业初期，连续两次被房东赶走，黄昱"很受伤"，但她在业内的名气却响了起来。在南京市总工会小额贷款的帮助下，她在当地街面买了属于自己的门面房，终于开起了

"水木秀美容养生馆"。几年来，她的美容店已经成为当地美容业首屈一指的企业。

创业建议：

选择自己爱好的项目。

选择传统行业创业，风险相对较小，但承受的竞争压力会很大，餐饮、美容、百货类尤其如此，这就要求创业者具备抗风险和应变能力。文中黄昱遇到的问题，对于创业者来说，都有可能碰上。而黄昱坚定的信念和果断处理问题的能力，是创业者应该具备的素质。

其次，在传统行业中淘金，必须选择适合自己爱好的项目，从而遇到挫折时，能让自己更有信心地对待和解决问题，但需要提醒的是，不能因为喜欢而选择竞争力太强的传统行业。

（佚名．传统行业掘金"拼"的是意志［DB/OL］．http://info. txooo. com/Lsjm/2－1037/1281052. htm, 2008－10－18/2012－01－06．）

同步训练（一）

一、填空题（每题1分，共10分）

1. 违反物价纪律情节严重的，工商行政管理部门可以（　　　）停业，并向司法部门提出控告。［用命令方式强制］

2. 兹定于2011年12月8日下午2时，在会议室召开赈灾募捐动员会议，请（　　　）参加。［到时候］

3. 有关征地（　　　），请与杭州市人民政府联系解决。［事情的安排和处理］

4. 正确执行物价政策和广开就业门路等方面的问题，事关安定团结的大局，望认真研究解决（　　　）。［是重要的］

5. 业余文化学习班招收学员，以采用自愿报名方式（　　　）。［是适当的］

6. （　　　）春耕大忙季节，各供应点应及时下乡做好供应工作。［面对目前这］

7. 你局10月28日《关于举办档案管理培训班收费问题的函》（××发〔2004〕5号）（　　　），经研究答复如下……［收到后知道了］

8. 经技术鉴定，此次大桥垮塌事故，（　　　）施工质量低劣造成。［的确是］

9. 汛期将近，各单位（　　　）于4月底前做好防洪抢险准备工作。［一定必须］

10. 该厂职工通过技术革新，提前一个月完成全年生产任务，特予通报表扬，（　　　）鼓励。［用来作为］

二、请用正确的思路调整下段短文的表达次序（5分）

（　　　　　　　　　　）

①根据资料分析，不少单位投资项目的计划批准数大大突破，都是由于主管领导贪大求全、大手大脚所造成的。②××厂××车间的技术问题改造项目，原批准投资总额250万元，现实际已使用360万元，尚未完全竣工。③由此说明，××厂的有关领导应该认真吸取教训，树立勤俭办企业的思想，今后应坚持按计划办事。

三、阅读下面的材料，完成练习（15分）

用一句话概括三段话的主题，填入开头的括号中。

（　　　　　　　　　　）

加强舆论监督，是党对新闻工作者提出的要求。党的十五大报告明确指出：在社会主义初级阶段，尽管各项事业有了很大进步，然而总的来说，生产力不发达的状况没有根本改变；社会主义制度还不完善，社会主义市场经济体制还不成熟，社会主义民主法制还不够健全，封建主义、资本主义腐朽思想和小生产习惯势力在社会上还有广泛影响。要克服这种"不发达"、"不完善"、"不成熟"、"不健全"，应逐步缩小封建主义、资本主义腐朽思想和小生产习惯势力在社会上的影响，必须强化两种基本的宣传手段：一种是从社会生活中选取大量的先进典型，进行有力、有效的正面引导；一种是有选择地揭露矛盾、批评落后，开展正确的舆论监督。这两种基本宣传手段有点像可以前后加力的越野汽车，正面引导是"前加力"，舆论监督是"后加力"。在社会主义初级阶段，新闻舆论监督与司法监督、行政监督、党内监督、群众监督、行政监督、党内监督、群众监督一起，构成了有中国特色社会主义的监督体系。江泽民同志提出："把党内监督、法律监督、群众监督结合起来，充分发挥舆论监督的作用。"

　　加强舆论监督，是加强党风廉政建设的要求。邓小平同志提出："共产党要接受监督"，因为"失去监督的权力必然走向腐败"（孟德斯鸠语）。各类新闻媒体由于天然地具有覆盖面广、影响面大的特点，因而舆论监督在社会主义民主与法制建设和依法治国的进程中日益发挥着独特的重要作用。朱镕基同志曾给"焦点访谈"题词：舆论监督，群众喉舌，政府镜鉴，改革尖兵。这个题词是对新闻舆论监督作用的正确评价和充分肯定。我们要深刻地认识到新闻监督在化解社会矛盾、纯洁干部作风、推进政府工作、消除腐败现象等方面的积极作用。

　　加强舆论监督，是社会主义法制化建设的要求。《中华人民共和国宪法》第三十五条规定"中华人民共和国公民有言论、出版、集会、结社、游行、示威的自由"，这就为公民依法运用新闻工具充分发表正确意见、实施新闻舆论监督提供了基本的法律保障。《中华人民共和国宪法》第四十一条规定："中华人民共和国公民对于任何国家机关和国家工作人员，有提出批评和建议的权利；对于任何国家机关和国家工作人员的违法失职行为，有向有关国家机关提出申诉、控告或检举的权利，但是不得捏造或者歪曲事实。"《中华人民共和国宪法》第三十八条规定："中华人民共和国公民的人格尊严不受侮辱、诽谤和诬告陷害。"对于舆论监督引发的名誉侵权的惩处，《中华人民共和国刑法》第一百三十一条、第一百三十八条、第一百四十五条也为新闻舆论监督提供了重要的法律依据。

四、根据文章的语言环境，在所列词中选上最合适的词（13分）

　　（我局、我们）（经、经过）请示（领导、上级），定（在、于）（9月10日、九月十日）（开始、动手、动工）改建公路桥。改建期间，（这里、此地）（禁止、不准）（走路、通行），（所有、一切、凡）来往行人车辆，请（弯路、绕道）而（行、走），特此（通知、通告、通报、公布、布告）。

五、分析题（15分）

　　王治国同学在武装公司办公室顶岗实习。年底，他起草了一份公司的年终工作总结。文章是这样开头的：

总　　结

　　时间如白驹过隙，一转眼2011年将要过去了。在过去的一年中，我公司的经济效益犹如穿云燕子，飞向百尺竿头，比去年大幅度上升。公司上下兴高采烈，喜笑颜开，在新的一年到来之际，我们对去年的工作总结如下：

问题：1. 这篇总结的开头部分应集中写什么？王治国的写法是否有不妥之处？为什么？
　　　2. 这篇总结的开头部分应特别体现出应用文的哪些语体特征？

六、图示题（20 分）

1. 图示单项分类表述的计划写作模式。
2. 图示工作总结的写作模式。

七、请对以下计划加以评析（22 分）

2011 级国际贸易班 2012 年班级工作计划

为了进一步树立班级新风气，学好文化知识，保障教学质量，让每一位同学都能在一个融洽和谐的环境中健康成长，特制定以下班级工作计划。

一、指导思想

明确职责，力求创新，同心合意，脚踏实地，努力为学校创建国家级高职骨干院校做出我们应有的贡献！

二、工作实施

1. 明确各个班委的工作职责，各司其职。
2. 定期召开主题班会，在班会之前坚持提前召开班委会。
3. 调动全体同学配合班委开展各项工作，使各项工作能够更好地贯彻执行。
4. 协调好同学之间的关系，使班集体更加紧密地团结协作。
5. 积极配合学校创建国家级高职骨干院校的一切工作，努力学习，为学校的发展贡献我们的一份力量。

三、学风建设

学风是校风的重要体现，是学生精神面貌、学习态度、学习质量的总体反映。

1. 保持良好的学习习惯。每天按时到课，不旷课，不迟到，不早退，由学习委员认真负责早、晚自习及课堂考勤记录。
2. 营造良好的学习氛围。学习是为了自我完善，班委应帮助同学树立正确的学习观念，带动同学共同学习，及时掌握学术前沿信息。
3. 建立信息的反馈渠道。班干部要及时掌握同学的思想动态，及时向老师反映学生对教学的意见与建议，保证师生之间的信息交流渠道畅通，配合学校组织同学们开展各类学习活动和各项基本技能训练。
4. 督促同学们做好英语三、四级的考试准备，努力学好专业知识。只有注重平时的扎实训练，临考才不乱，才能保证考风正。

四、组织建设

1. 安排上学期向党组织递交了入党申请书的同学参加党课学习。
2. 宣传党的思想建设、组织建设的原则，鼓励同学们继续积极向党组织靠拢。
3. 团支书负责团员的思想政治工作，积极开展团员的教育、评议、推优工作。
4. 努力开好每一期团会，并且组织好团组织各项活动，贯彻党的十七届六中全会"文化强国"等重要思想，使同学们更加坚定不移地跟党走。

五、工作安排

1. 每月一次班会，贯彻学校、学院的文件精神；对同学进行必要的理想教育、安全教育、爱国主义教育，保证同学们思想的纯洁性、学习的积极性；讨论班级的各项计划，解决班级出现的问题等。

2．每周一次班委会，讨论班级问题，安排各项事务及下一周工作计划，以确保班级活动的有序开展，为同学们提供良好的学习环境。

3．制订出月工作计划，分别计划在四月、六月开展班级娱乐活动。初步计划：组织全体同学进行户外郊游，融入大自然的怀抱，丰富同学课外生活，拓宽视野，增强凝聚力。

4．活动安排。

一月：迎新晚会，考风考纪教育，班级工作计划制订。

二月：寒假实习，寒假互访。

三月：篮球比赛，书法比赛。

四月：辩论赛，演讲比赛，春游，庆祝"五一"活动。

五月：体操比赛，校运动会。

六月：知识竞答比赛，中华经典诵读。

七月：积极备考，"三下乡"活动，学期班级工作小结。

八月：暑假实习。

九月：制订班级学期工作计划，迎新生活动，教师节尊师活动，迎国庆活动。

十月：秋游，知识竞赛。

十一月：党团活动，象棋比赛。

十二月：班级年终工作总结，期末考风考纪教育。

在新的学年，2011级国际贸易班的全体班委愿意默默地为班级建设奉献一片赤诚之心，必将凝聚50颗火热的心，谱写出新年更加动人的新曲！必将使同学们的大学生活更加精彩！我们相信在2011级国际贸易班所有同学的共同努力下，我们的明天会更好！

二〇一一级国际贸易班委会

二〇一一年十二月二十六日

参考答案

一、填空题（每题1分，共10分）

1．勒令　2．届时　3．事宜　4．为重　5．为宜　6．值此　7．收悉　8．确系　9．务必　10．以资

二、请用正确的思路调整下段短文的表达次序（5分）

（②　③　①）

三、阅读下面的材料，完成练习（15分）

用一句话概括三段话的主题，填入开头的括号中。

（新闻舆论监督的重要意义）

四、根据文章的语言环境，在所列词中选上最合适的词（13分）

（我局）（经）（上级）（于）（九月十日）（动工）（此地）（禁止）（通行）（凡）（绕道）（行）（通告）

五、分析题（15分）

1．这篇总结的开头部分应集中写"基本情况"。王治国同学的总结写法不妥：一是基本情

况不具体，如"比去年大幅度上升"，应改为"比去年同期上升百分之几"，等等；二是基本情况太空洞，只讲一个经济效益；三是不该用"兴高采烈，喜笑颜开"、"犹如穿云燕子"等描写或抒情，总结一般用叙述、说明、议论三种表达方式，不用抒情与描写的表达方式。

2. 这篇总结的开头部分应特别体现出应用文准确、简明、朴实、得体的语体特征。

六、图示题（20 分）

1. 图示单项分类表述的计划写作模式。

计划单位名称 + 计划时限 + 计划内容 + 计划（方案、规划等）

为了 ＿＿＿＿＿＿ 目标（或指导思想） ＿＿＿＿＿＿ ，特制订如下计划：

一、＿＿＿＿＿＿＿＿（方面 1）

（一）任务

（二）措施

（三）步骤

二、＿＿＿＿＿＿＿＿（方面 2）

（一）任务

（二）措施

（三）步骤

三、＿＿＿＿＿＿＿＿（方面 3）

（一）任务

（二）措施

（三）步骤

××××年×月×日

2. 图示工作总结的写作模式。

单位名称 + 总结时限 + 总结内容 + 工作总结

＿＿＿＿＿年，在＿＿＿＿＿的领导下，在＿＿＿＿＿的共同努力下，＿＿＿＿＿开展了＿＿＿＿＿工作，取得了＿＿＿＿＿的成绩，现将本阶段工作总结如下：

一、基本情况

二、成绩经验

三、存在问题

四、今后努力方向

单位名称

××××年×月×日

七、请对以下计划加以评析（22 分）

二〇一一级国际贸易班委会的工作计划写得比较好。

1. 结构完整，由标题、正文、落款三部分组成。标题是完整式标题，由单位名称（2011级国际贸易班）、时限（2012 年）、内容（班级工作）、文种（计划）四要素组成。正文的导语引出目标——为了……让每一位同学们都能在一个融洽和谐的环境中健康成长；主体从指导思想、工作实施、学风建设、组织建设、工作安排几个方面着手，条理清楚。

2. 基本上把握了计划的写作要领：解决"做什么"和"怎么做"，即目标与措施。这是计划的两个核心要素，绝不可省略。这篇计划的活动安排包括内容与时间，写得比较具体，结尾采用决心与展望的形式，比较有力，但计划的实施部分还不全面。计划是为解决问题而制订的，目的是指导工作实践，因此，在写作时应注意内容的逻辑性，使计划的内容条理清晰，真正起到工作凭证和依据的作用。

同步训练二

一、填空题（每题 1 分，共 12 分）

1. 要严格遵守财经纪律，任何人不得（　　　　）公款。[移作他用]

2. 这次大会，（　　　　）代表共 1 230 人。[参加会议]

3. 现将我局 2003 年第 3 季度财务分析报上，请（　　　　）。[审查阅读]

4. 以上意见（　　　　），请批转各地区、各部门贯彻执行。[如果没有不妥当的地方]

5. 你公司钟表商店遭受抢劫并被纵火烧毁，流动资产损失 2.5 万元，经研究，同意以"财产损失"（　　　　）。[审核后销账]

6. 本年度的城建计划已经市政府（　　　　）。[审核后批准]

7. 经过讨论，双方消除了分歧，达成了（　　　　）。[双方或多方在某一问题上的共同认识]

8. 为了筹集钱塘江第二座大桥公路桥的建桥资金，根据"以桥建桥"的原则，经请示上级同意，决定对钱塘江大桥过往机动车辆收取过桥费。（　　　　）有关事项通告如下……[现在把]

9. 破坏新版人民币发行或借发新版人民币之机从中（　　　　）、扰乱金融市场者，均依法惩处。[趁机会谋取不正当的利益]

10. 当前存在的主要问题是：一些部门和企业、事业单位的内部审计工作没有开展起来，有的按国务院规定应建立内审机构但（　　　　）建立，有的在机构改革中将内审工作削弱或取消。这些国家要求加强审计监督的精神是不符的。[还没有]

11. 我商店新购进的一批香烟和副食品，因质次价高，严重（　　　　），部分已发生霉变。[销路不畅]

12. 公司编制（　　　　）15 人。[暂时打算]

二、请用正确的思路调整下段短文的表达次序（5 分）

（　　　　　　　　）

①经我们下厂调查，详细审核了该产品的原材料单耗，五月份与前四个月基本一致，单耗并未上升。②××造漆厂生产的聚乙烯醇缩醛胶，今年五月份原材料成本突然猛增 22%。③据此，我们认为该厂的材料成本核算不实，致使成本大幅度提高。

三、阅读下面的材料，完成练习（15 分）

用一句话概括以下几段话的主题，填入开头的括号中。

（　　　　　　　　）

从多年的实践经验来看，在社会主义初级阶段，我国的新闻舆论监督至少有以下功能。

评判功能。通过正当的舆论监督，把一些假、恶、丑的事物不加掩饰地再现在读者和观众面前，放在光天化日之下，让人们去衡量、去评判。这是一种强大的、积极的社会控制力量。

一些逆改革开放潮流而行的人，做了损害国家和人民利益事情的人，会从新闻舆论监督中感受到一种强大的社会压力。这种舆论评判和舆论监督，有助于阻止和抑制不正确、不道德言论和行为的发生。

宣泄功能。在转轨过程中，由于结构调整而带来群体之间利益的调整，不同利益群体的人，对不同的社会现象，会产生一些不满情绪。我们应该研究人民群众的情绪，有选择地反映人民群众的情绪。在报纸上公开揭露引起群众强烈不满的消极现象，可以起到"慢撒气"的作用，避免不满情绪的积淀和突然爆发。

激励功能。在报纸上开展批评，是一种诚实的表现，是一种相信自己力量的表现，它可以使读者和观众从新闻报道中感受到我们党和国家已经看到了社会生活中的消极现象，而且完全有力量、有办法逐步解决这些社会问题。正因为如此，正确的批评性报道可以激发人民群众同消极现象做斗争的信心和勇气。

四、图示题（30分）

1. 图示综合分类表述的计划写作模式。

2. 图示经验总结写作的基本模式。

3. 图示会议记录的写作模式。

五、写作题（38分）

1. 严××同学在万年工厂顶岗实习。一天，领导要求：根据下面的材料，编写一份年度工作计划。（18分）

企业发展规模：新建××车间，发展××产品的生产；扩建××车间，使×种产品的生产比上年提高××，年产量达到××万只。增加工程技术人员、技术工人和部分管理人员，使之从现有的××人增加××人。

产品发展方向：与××研究所合作，积极研制新产品，其中××新产品达到国际水平；对现有××等几种产品进行技术改造，以符合国内和国际市场的需要。

总目标：研制尖端产品，赶上国际先进水平；进行部分老产品的更新换代；新建和扩建部分生产车间；大力培训工人，促进技术进步，提高企业经营管理水平和经济效益。

主要技术经济指标：①提高劳动生产率。随着新设备、新技术的应用和生产技术的提高，全年全员劳动生产率比现在提高百分之几左右。②增加净产值。年总产值达××××万元，比现在提高×倍。③降低可比产品成本。通过提高劳动生产率，节约原材料、燃料等消耗，使可比产品成本比现在降低百分之几左右。④加速资金周转。在产量增加的情况下，尽量不增加流动资金，缩短资金的周转期。⑤提高赢利水平。在增加生产、降低消耗的基础上，使利润从现在的×××万元，增长到×××万元。

办法措施：①举办各种培训班，提高工人文化素质。②加强管理，严格制度。③开展劳动竞赛，提高劳动生产率。④严肃财经纪律。

2. 刘××同学在山东大学实习。一天，教务处长拿出一篇调查报告《大学生消费亟待正确引导》，问他写得怎么样？刘××同学该如何去评价？（20分）

大学生消费亟待正确引导
——山东师范大学调查

不久前，山东师范大学采用问卷、个别了解和座谈会的形式，对700名在校大学生的消费情况进行了调查。调查表明，大学生消费中存在一些严重问题，主要是：

一、超前消费情况突出。每个大学生学期消费金额达到 238.5 元，平均每月 53 元，加上国家供给的生活费和副食补贴，每个学生月消费达 76.5 元，远远超过了 1986 年全国（69 元）和山东（62.5 元）城镇居民人均消费额，是全国（35.33 元）和山东省（37.44 元）农民家庭月人均收入的 1 倍多。这对 70% 来自农村的大学生的家庭来说，是一个沉重的负担。

二、消费结构不合理。所调查大学生人均消费情况，开支最大的是衣着穿戴和日用品类，月人均消费 18.14 元，占 34.22%；其次是饭菜票 11.67 元，占 22.01%，仅这两项就占总支出的 56.23%。而月人均购买书籍 9.04 元，只占 17.06%，这对以求知为主的大学生来说，无疑是轻重颠倒的怪现象。另外，月人均用于自我娱乐 7.84 元，同学、老乡来往 5.47 元，两者共占月消费额的 24.4%。

三、物质消费和精神消费比例失调。消费表明，大学生月人均用于物质消费方面的支出为 36.12 元，占月消费总额的 68%；用于精神消费方面的支出为 16.88 元，仅占 32%。精神消费支出与物质消费支出之比为 1:2.1。大学生作为一个求知的群体，理应以精神消费为主、物质消费为辅，这种消费比例失调与大学生生活的主旋律是很不协调的。

四、精神产品消费率偏低。调查发现，大学生精神消费不仅比重偏低，而且存在着精神产品消费率不高的问题。例如，不少学生买了书刊后，往往束之高阁成为饰物，有的甚至将买书作为装点门面的手段，书不是精装的和热闹的不买，一些无关自己专业的书也不惜大把掏钱购买。有的学生看电影、戏剧、小说，欣赏音乐，不是从自己的实际爱好和消费需要出发，而是为好奇心和舆论所驱使，一哄而上，不注重理解作品精神和内涵，片面追求精神消费的"高雅"。还有的学生进入舞厅和参加沙龙，只是为了猎奇和消遣，注重陶冶情操、增进知识和友谊不够。

据分析，造成上述情况的原因主要是：

一、超前消费风气的影响。一些大学生认为会玩、会乐、会花钱是当代大学生应有的"素质"；有钱时充阔气，没钱时向人借，尔后伸手向家里要，把相当多的财力和精力用在穿、吃、用、玩上。

二、对大学生缺乏必要的教育和引导。长期以来，学校对学生艰苦朴素教育不够，不少学生认为"雷锋精神"已过时。另外，学校对大学生的消费内容和消费结构也缺乏必要的指导，致使大学生的消费欲望畸形膨胀。女生千方百计添置高档服装，使用高级化妆品；男生则把抽烟、喝酒当成男子汉气派，在大学生中形成了一种无形的消费攀比。

三、家庭无限制地满足子女的消费欲望。不少家长出于疼爱子女、望子成龙，不惜节衣缩食，甚至东拼西借以满足子女的花销。

四、大学生参与社会实践不够。近年来，不少学校虽然组织了不同形式的社会实践活动，但广泛性和教育性不够，致使不少大学生对父母辛勤劳动换来的果实缺乏认识，不够珍惜。

我们认为，大学生是国家实现四个现代化的希望，他们的消费问题，不仅仅是花钱多少的问题，而是关系到能否培养成合格人才的问题。学校、家庭和社会应给予足够的重视，加强对大学生勤俭节约、艰苦朴素的教育，指导大学生正确消费，保证几代大学生的健康成长。

参考答案

一、填空题（每题 1 分，共 12 分）

1. 挪用　2. 与会　3. 审阅　4. 如无不妥　5. 核销　6. 审批　7. 共识　8. 现将　9. 渔利　10. 尚未　11. 滞销　12. 预计

二、请用正确的思路调整下段短文的表达次序（5分）

（② ① ③）

三、阅读下面的材料，完成练习（15分）

用一句话概括以下几段话的主题，填入开头的括号中。

（新闻舆论监督的三种功能）

四、图示题（30分）

1. 图示综合分类表述的计划写作模式。

计划单位名称＋计划时限＋计划内容＋计划（方案、规划等）

为了＿＿＿＿＿＿目标（或指导思想）＿＿＿＿＿＿，特制订如下计划：

一、任务目标

二、具体措施

三、实施步骤

　　（一）

　　（二）

　　（三）

×××ⅹ年×月×日

2. 图示经验总结写作的基本模式。

新闻式标题

——单位名称＋关于××××的经验总结

××××年以来，我们开展了＿＿＿＿＿＿＿＿工作，取得了显著成绩，

＿＿＿＿＿＿＿＿，＿＿＿＿＿＿＿＿。现将经验总结如下：

一、成绩

……

二、经验

……

三、效果

……

×××ⅹ年×月×日

3. 图示会议记录的写作模式。

会议名称＋记录

会议时间：××××年×月×日×时

会议地点：××××××

出席人：××× ××× ××× ××× ××× ××× ……

缺席人：××× ××× ××× ……

主持人：×××

记录人：×××办公室主任刘××

主持人发言：

与会者发言：

1.×××：

2.×××：

散会

（本会议记录共×页）

主持人：×××（签名）

记录人：×××（签名）

五、写作题（38分）

万年工厂××××年第一季度工作计划

为了贯彻落实××××年工作计划，实现全年目标，保证各阶段工作的科学、有序进行，特制订如下工作计划：

一、总目标

通过研制尖端产品，进行技术改造，大力培训工人，促进技术进步，提高企业经营管理水平和社会、经济效益，赶上国际先进水平。

二、具体任务

1．与××研究所合作。积极研制新产品，其中××新产品达到国际水平。

2．满足现有市场需求。进行部分老产品的更新换代，对现有××、××等几种产品进行技术改造，以符合国内和国际市场的需要。

3．扩大企业发展规模。新建××车间，发展××产品的生产；扩建××车间，使××、××、××等×种产品的生产比去年同期提高××，年产量达到××万只。增加工程技术人员、技术工人和部分管理人员，使之从现有的××人增加到××人。

三、办法措施

1．提高劳动生产率。随着新设备、新技术的应用和生产技术的提高，全年全员劳动生产率比现在提高××左右。同时，可以举办各种培训班，提高工人文化素质；也可以开展劳动竞赛，提高劳动生产率。

2．降低可比产品成本。通过提高劳动生产率，节约原材料、燃料等消耗，使可比产品成本比现在降低××左右。

3．加强管理严格制度。加速资金周转，在产量增加的情况下，尽量不增加流动资金，缩短资金的周转期；严肃财经纪律，增加净产值，年总产值达××××万元，比现在提高×倍。

4．提高赢利水平。在增加生产、降低消耗的基础上，使利润从现在的×××万元，增长到×××万元。

××××年×月×日

2．这是一篇揭露问题的调查报告，它真实地反映了大学生消费中存在的一些严重问题，这些内容不是道听途说的，是深入实际亲自了解到的情况，现实针对性强，有一定的指导意义。标题由正题与副题组成。正题采用新闻式标题，直截了当地表明调查人的观点"大学生消费亟待正确引导"。副题"山东师范大学调查"表明调查对象和文种。正文的导语部分简单介绍基本情况（包括调查时间、地点、对象、范围及调查方式等），提示结论；主体部分先以并列的形式，从超前消费情况突出、消费结构不合理、物质消费和精神消费比例失调、精神产品消费率偏低四个方面反映大学生消费中存在的一些严重问题，有观点、有例子、有比较、有分析、有点有面、点面结合，很能说明问题，加上采用具体准确的数字说明问题，更让人心服口服。接着仍然采用并列的形式从超前消费风气的影响等四个方面分析造成上述情况的主要原因，条理清楚，中心突出。结尾部分采用指导式写法，指明努力的方向：学校、家庭和社会应加强对大学生勤俭节约、艰苦朴素的教育，指导大学生正确消费，保证几代大学生的健康成长。

任务三

经济文书写作实训

实训目标

通过完成商品说明与宣传、签约、招投标、市场预测等工作任务，使学生能结合实际规范地撰写经济文书，培养学生经济文书的专业写作能力，市场调研能力，创新务实能力等，重点掌握商品说明书、广告文案、合同、招投标文书、市场预测报告等文书的写作。

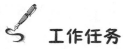

工作任务

商品说明 ➡ 商品宣传 ➡ 合同签订 ➡ 市场预测 ➡ ……

工作情境

假设我们的同学去茅台酒厂实习，厂家为你提供以下信息，希望你能为其写一则广告文案，你该怎么办？

材料：茅台酒产于贵州省仁怀县茅台镇茅台酒厂，已有近 300 年的历史。其酒质优良，风味独特，深受国内外消费者的欢迎。1915 年曾获得巴拿马国际博览会奖章和奖状，在全国第一、二届评酒会议上均被评为全国名酒。

这种酒酿造时用曲量大、用辅料少，经过 8 次蒸粮蒸酒（一般白酒只经过一次蒸粮蒸酒），再入库储存 3 年，才准许出厂。酒精度 55°。产品以酱香为主体香，味醇厚，回味悠长；饮后的空杯留香浓郁，经久不散。

要求：

1. 团队作业，表现团队精神。

2. 每个团队选一个代表上台展示。

3. 班委根据评分标准打分，去掉最高分和最低分，班委评分占 50%，老师评分占 50%。

4. 每个团队选个点评员，点评不超过 1 分钟。

5. 完成工作任务之前先要自学、小组讨论。

工作结果

贵州茅台酒　相伴到永久

千年国酒，万古飘香，

岁月蹉跎，真情依旧。

此中有真味，茅台最相知。

三千年传世佳酿，三千年真情茅台。

相交相知相对饮，品情品味品茅台。

真情友情爱情，情情俱在。

笑声泪声心声，声声酒（久）存。

茅台，你我同伴。

欢聚时，茅台证温馨；

离别时，茅台衡真情；

重逢时，茅台鉴恒远。

广告语：贵州茅台，见证真情时刻！

工作评价

这则广告文案包括标题、正文、广告语三部分，少了附文，即随文，随带告诉读者一些内容，如企业名称、地址、电话号码、邮政编码、网络地址等基本资料，以方便消费者。

标题可以是直接标题，也可以是间接标题，这里采用诗化的直接标题，把"贵州茅台酒"与"相伴到永久"联系起来，很有创意；正文可以是故事式、诗歌式、散文式、对话式……这里采用诗歌式，非常优美，尤其是"相交相知相对饮，品情品味品茅台。真情友情爱情，情情俱在。笑声泪声心声，声声酒（久）存。"运用谐音、叠字、反复、对偶等修辞手法，使内容、形式、情感、意境都达到了极点，足见作者的文学功底深厚；广告语"贵州茅台，见证真情时刻！"采用情感式，动之以情，朗朗上口。无疑，这则广告达到了宣传的目的性与明确性。

遗憾的是，"三千年传世佳酿，三千年真情茅台"这句，一字之误，形成虚假广告文案，茅台酒只有三百年的历史。

广告的一大特点是真实性，要求内容客观、实事求是。

西方有个关于广告和广告商的故事。广告商死后来到圣彼德面前，圣彼德先把他带进天堂，他看见几个天使在吹笛，许多人打着哈欠闲逛，无聊寂寞……圣彼德又把他带进地狱，他看见地狱的人，个个狂歌曼舞，自由自在，好快乐……于是，圣彼德问广告商：想上天堂，还是下地狱？广告商不假思索地说：下地狱。圣彼德说：那你现在得下油锅。广告商：怎么与刚才看到的不一样？你刚才看到的是广告。

广告的另一大特点是创新性，要求内容新颖、形式独特。请看江苏经贸职业技术学院另一组同学的广告文案，虽然内容不是很雅，但具有创新性。

简单运算法

你＝吃饭＋睡觉＋喝茅台

猪＝吃饭＋睡觉

代入上式得：你＝猪＋喝茅台

移项得：你－喝茅台＝猪

结论：你不喝茅台酒就是大蠢猪

广告语：人人都想喝茅台

情商培育

立志是成功的基石·人当志存高远

狄德罗说过："没有目标就做不成任何事情；目标渺小，就做不成任何大事。"

有这样一个故事。有人曾问三个砌砖的工人："你们在干什么？"第一个人回答"砌砖"，第二个人回答"赚工资"，而第三个人回答"建造世界上最富有特色的房子"。数年后，第三个工人成了有名的建筑师，设计了不少杰作。

细细体会三个人的答话，不难发现，他们对于自己所从事的劳动是抱着极为不同的态度的。第一个工人只把砌砖当做一种机械的劳动，不考虑整天及将来；第二个工人则只把砌砖当做一种赚钱的手段，缺乏的是一种敬业精神。显然，这两个人对建筑都没有丝毫兴趣，更谈不上真正的投入，当然也就不可能有什么成就。而第三个工人，在他劳动时就已经设想出将来整个建筑物的形象，这是由于他不仅有一种敬业精神，而且有远大的抱负。正因为如此，他在工作时能乐在其中，不断提高技术水平，最后成为有名的建筑师。

可见，立志是成功的基石。

你可以失去财富，但是决不能失去性格

原美国布朗大学校长，现任卡内基基金会主席瓦尔坦·格雷戈里安的童年十分不幸，在他6岁的时候，母亲便因病去世了，是他的祖母在伊朗的山区将他带大的。

格雷戈里安的祖母也是一个很不幸的女人。由于战争和疾病，她失去了所有的孩子。虽然命运对她十分不公，但她却并未因此失去对生活的信心。

为了让格雷戈里安从失去亲人的阴影中走出来，健康快乐地成长，祖母经常教导他说："孩子，有两件事一定要记住。第一是命运，那是你无法控制的；第二是你的性格，那可是在你掌握之中的。你可以失去美丽，也可以失去健康和财富，但是决不能失去性格，因为它是掌握在你自己手中的。"祖母的这句话在格雷戈里安的成长过程中，起到了十分关键的作用。

爱迪生从小立志

美国著名的发明家爱迪生，小时候只上了几个月的学，就被辱骂为"蠢钝糊涂"的"低能儿"，退学了。他眼泪汪汪地回到家，要妈妈教他读书，并下决心：长大了，要在世界上做一番事业。爱迪生在家里喜欢捣鼓一些奇奇怪怪的小试验，有时免不了要闹点笑话，出点小乱子。父亲就不许他再搞小实验，爱迪生急得直说："我要不做实验，怎么能研究学问？怎么能做出一番事业来呢？"爸爸、妈妈听了他的话，感动得只好收回"禁令"。

男孩子能做的事，女孩子也绝对都能做

雅芳公司女总裁钟彬娴的母亲是一位非常优秀的女性。她早年曾就读于加拿大的多伦多大学，当时，她是班上唯一的一名就读化学专业的女生。

钟彬娴的母亲希望女儿也能像她一样，自强自立。因此，她经常教导钟彬娴说："男孩子能做的事，女孩子也绝对能做。只要努力，女人无论在哪个领域都能到达顶峰。"

钟彬娴永远记住了母亲的这句话。

同步训练一

一、填空题（每空 1 分，共 10 分）

1. 药品"维生素 D 胶丸"的三种标题写法：＿＿＿＿＿＿＿、＿＿＿＿＿＿＿和＿＿＿＿＿＿＿。

2. 广告标题有直接标题，还有＿＿＿标题；"今年送礼送什么？"是＿＿＿标题；＿＿＿"蓝天六必治牙膏"是＿＿＿标题。

3. 《2011 年鸿太·景区合作意向书》的标题是由项目名称和文种构成，它的另一种标题写法：＿＿＿＿＿＿＿。

4. 合同的标题即合同的名称，需要写明合同的＿＿＿，甲公司向乙公司购买鸭梨，该合同的标题是＿＿＿＿＿＿＿＿，写明标的物的合同标题是＿＿＿＿＿＿＿＿。

二、单项选择题（每题 3 分，共 15 分）

1. 火葬场广告语：一视同仁，是强调＿＿＿。

　　A. 商品优点　　　　B. 服务优势　　　　C. 商品性能　　　　D. 商品价值

2. 美容店的广告语：旧貌换新颜，是＿＿＿。

　　A. 赞美式　　　　B. 综合式　　　　C. 鼓动式　　　　D. 情感式

3. 浴室广告语：赤膊上阵，是＿＿＿。

　　A. 委婉　　　　B. 含蓄　　　　C. 典雅　　　　D. 形象

4. 好人得好报，是＿＿＿的广告语。

　　A.《法制文萃报》　　B.《北京晨报》　　C.《新快报》　　D.《羊城晚报》

5. 日本有则"救心丹"的广告，标题套用"心病还须心药医"的俗语，突出了该药物的＿＿＿。

　　A. 性质　　　　B. 功能　　　　C. 特征　　　　D. 优势

三、评析下面的广告语（每题5分，共20分）

1.《羊城晚报》广告语：真知影响人生

2.《人们保健报》广告语：你的健康是我的牵挂

3. 戴比尔斯钻石：钻石恒久远，一颗永流传

4. 诺基亚：科技以人为本

四、补充题（第1题5分，第2题10分，共15分）

1. 合同正文包括两个部分：引言和主体。请为合同补充引言：

———————————————————————————————

———————————————————————————————

2. 下面的条款应如何写才能避免纠纷？

有一份×××年3月27日订立的购销合同，其中交货日期是这样写的："现货6吨，今年7月交货7吨。"后来第一次交货在5月27日，计9.35吨。6月1日国家对该货的价格做了下调的规定。供方要求9.35吨货按原价结算，而需方则认为，其中6吨迟交，违约，应按下调价结算，而且要依法罚违约金，3.35吨提前交货可依法按原价结算。双方无法协商，供方上诉法院。

———————————————————————————————

———————————————————————————————

五、写作题（每题20分，共40分）

1. 刘××到××制药公司顶岗实习，公司领导给她一些材料，请她为维生素E胶丸整理一份分条列项式的商品说明书（尾部可以不写）。（20分）

材料：××制药公司生产的维生素E有50 mg的，也有100 mg的。维生素E应该在密闭、遮光、阴凉处保存。

维生素E是人体生长、发育的营养要素，能促进人体能量代谢，增强人的体质和活力；能预防因多不饱和脂肪酸（PuFA）异常氧化所致的有害物质积累而损伤正常组织引起的早衰，有延迟衰老的作用；能改善血液循环，促进溃疡愈合；能防止胆固醇沉积，预防治疗动脉硬化；能调整性机能，缓解更年期综合症；能保护肝脏。维生素E也是促进健康、预防衰老的相关营养要素，早在1992年Evens等已发现它的功能：可调节生育机能，防治流产和不育。半个世纪以来，就其生理和机理作用，近代分子生物学者做了详尽研究，在营养及医疗上有了重要发现。

动脉硬化、脑血管硬化、冠心病、间歇性跛行、胃肠溃疡、皮肤溃疡、血栓性静动脉炎、静脉曲张、肝功能障碍、肌肉萎缩、不孕、习惯性流产、性机能衰退、烧伤、冻伤、贫血的人都可以服用维生素E，预防衰老也可以服用维生素E。日服量：每次50 mg～100 mg，每日三次或遵医嘱。

2. 请根据下述材料，拟定一份购销合同。（20分）

××工厂赵××（甲方），于2012年1月1日与××木器加工厂李××（乙方）签订了一份合同。合同内容是向甲方要向乙方订购200个文件柜，合同签订之后一个月内交货，交货地点在乙方厂内仓库，由甲方自运，质量和规格以乙方提供的样品为准。每个文件柜价格为人民币150元，共计货款30 000元。货款在货物起运后三日内通过银行办理托收。双方每逾期1天，按总金额0.5%付对方违约金。合同一式四份，双方各执一份，各自的上级单位备案各

一份。

参考答案

一、填空题（每空 1 分，共 10 分）

1. 维生素 D 胶丸、说明书、维生素 D 胶丸说明书；2. 间接、间接、直接；3. 意向书；4. 性质、购销合同、鸭梨购销合同。

二、单项选择题（每题 3 分，共 15 分）

1. B　2. A　3. D　4. A　5. B

三、评析下面的广告语（每题 5 分，共 20 分）

1.《羊城晚报》：真知影响人生

《羊城晚报》的这则广告语充满智慧，富有哲理。短短的五个字对读者形成了强烈的暗示：要想得到真实的知识，订阅《羊城晚报》显然是最佳的选择。

2.《人们保健报》：你的健康是我的牵挂

《人民健康报》的这则广告语非常有亲和力。这哪里是广告语，简直是感情的倾诉。

3. 戴比尔斯钻石：钻石恒久远，一颗永流传

经典的广告语总是丰富的内涵和优美的语句的结合体。戴比尔斯钻石的这句广告语不仅道出了钻石的真实价值，而且从另一个层面把爱的价值提升到足够的高度，使人们很容易把钻石与爱情联系起来。

4. 诺基亚：科技以人为本

"科技以人为本"似乎不是诺基亚最早提出的，但它却把这句话的内涵发挥得淋漓尽致。事实证明，诺基亚能够从一个小品牌一跃成为移动电话市场的第一品牌，正是尊崇了这一理念，因此，口号才喊得格外有力，因为言之有物。

四、补充题（第 1 题 5 分，第 2 题 10 分，共 15 分）

1. 为了维护双方权益，根据《中华人民共和国合同法》，经双方协商同意，特签订本合同，以资共同恪守。

2. 现货 6 吨应在合同签订后一周内交货，余下的 1 吨和经需方同意继续供的货应于今年 7 月 31 日之前交货。

五、写作题（每题 20 分，共 40 分）

1.

维生素 E 胶丸说明书

维生素 E 是人体生长、发育的营养要素，也是促进健康、预防衰老的相关营养要素。早在 1992 年 Evens 等已发现它的功能：可调节生育机能，防治流产和不育。半个世纪以来，就其生理和机理作用，近代分子生物学学者做了详尽研究，在营养及医疗上有了重要发现。

[药品功能]

1．本品能促进人体能量代谢，增强人的体质和活力。

2．本品能预防因多不饱和脂肪酸（PuFA）异常氧化所致的有害物质积累而损伤正常组织引起的早衰，有延迟衰老的作用。

3．本品能改善血液循环，促进溃疡愈合。

4．本品能防止胆固醇沉积，预防治疗动脉硬化。

5．本品能调整性机能，缓解更年期综合症。

6．本品能保护肝脏。

［适应范围］

动脉硬化、脑血管硬化、冠心病、间歇性跛行、胃肠溃疡、皮肤溃疡、血栓性静动脉炎、静脉曲张、肝功能障碍、肌肉萎缩、不孕、习惯性流产、性机能衰退、烧伤、冻伤、贫血及预防衰老。

［用法用量］

日服量：每次 50 mg ～100 mg，每日三次或遵医嘱。

［规格］

50 mg，100 mg。

［贮藏］

密闭、遮光、阴凉处保存。

2.

购销合同

立合同单位：　　××工厂赵××（甲方）

　　　　　　　　××木器加工厂李××（乙方）

为了维护双方权益，根据《中华人民共和国合同法》，经双方协商同意，特签订本合同，以资共同恪守。

一、商品名称：文件柜。

二、数量与质量：甲方向乙方订购贰佰个文件柜，质量和规格以乙方提供的样品为准。

三、价款或酬金：每个文件柜价格为人民币壹佰伍拾元，共计货款叁万元整。

四、履行的期限、地点和方式：乙方在合同签订之后一个月内必须在自己厂内仓库向甲方交货；甲方验收后，文件柜自运，货款在货物起运后三日之内通过银行办理托收。

五、违约责任：双方每逾期一天，按总金额 0.5% 支付对方违约金。

六、合同自签订之日生效，至购销任务完成，双方交验清楚时终止。如有未尽事宜，则双方商定补充，并报上级单位备案。

七、合同一式四份，双方各执一份，各自的上级单位备案各一份。

甲方：××工厂（公章）

代表：赵××（私章）

地址：××××××××××××××××××

电话：××××××××××

开户银行：×××××××××××××市支行

账号：××××××

乙方：××木器加工厂李××

代表：李××

地址：××××××××××××××××××

电话：××××××××××

开户银行：×××××××××××市支行

账号：××××××

签约日期：二〇一二年一月一日

同步训练二

一、填空题（每空2分，共10分）

1. 正文是合同的主要内容，包括两个部分：＿＿＿和主体。

2. 甲方与乙方合作，共同投资建设体育综合训练房，该合作项目需要签协议，协议的标题：＿＿＿。

3. 合同主体部分根据合同法的规定主要包括：标的；数量与质量；＿＿＿；＿＿＿；解决争议的方法。

二、单项选择题（4分）

下面三段文字哪一句的表达最准确？＿＿＿

A. 甲方在签订合同后先交一部分建造费，其余在图书馆建成后抓紧归还所欠部分。

B. 甲方在签订合同后一周内，先付给乙方全部修建费的50%，其余在图书馆建成后抓紧归还。

C. 甲方在签订合同后一周内，先付给乙方全部修建费的50%，其余50%在图书馆建成验收合格后一月内全部付清。

三、下面的条款应如何写才能避免纠纷（6分）

沈阳某商店向杭州一扇厂订了几万打扇子，每打××元。等到厂家扇子运到时，却发现每打只有10把，而不是通常的12把。商店责问厂家，厂家说他们一贯是按每打10把出售的。商店又问你为什么不早说，厂家说，你为什么不早问。告到法院，法院一查，厂家以前确实是按每打10把卖的。

四、写出下列经济文书的标题（每题5分，共25分）

1. 招标书的标题有公文式写法，即：招标单位名称＋招标性质＋内容＋文种（必写）。××经贸学院要建一个游泳池，请为其写个招标书的公文式标题：

2. 马××要对2012年南京市房价进行预测，请为其写个标题：

3. 请为贵州茅台酒写个标题：

4. 某经济活动分析报告对厦门市2012年商业物业市场进行研究分析，其新闻式标题是：大市待兴商为先。请补个公文式的副标题：

5. 为了方便群众，××建筑公司准备建造马德里车库，请写个策划书标题：

五、评析下面的广告语（20分）

1.《环球时报》：把地球抱回家

2.《收获》：精神漫游者的最后家园

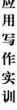

3. 英国名牌车罗尔斯·罗伊斯：车速60公里时，车内唯一的噪声是电子钟走动的声音

4. 百事可乐：新一代的选择

六、从写法等角度评析下列经济文书（第1、2题各10分，第3题20分，共40分）

1. 请对下面的订货合同进行评析。

订货合同

立合同单位：　××研究所（简称甲方）

　　　　　　　××家具厂（简称乙方）

为了发展生产，满足群众需要，经双方充分协商，特签订本合同，以便共同遵守。

一、甲方向乙方订书橱××个，单价××元；书桌××个，单价××元。总计金额××××元。乙方在2011年10月1日前交货。

二、产品先由乙方做实样，经甲方同意后照原样施工。

三、所有原材料由甲方供应，乙方在甲方现场施工。

四、甲方按图纸实样验收产品，合格后结算费用，由甲方汇入乙方开户银行。

五、本合同一式四份，甲、乙方各执一份，另二份各自送上级有关部门存查。

六、本合同自签字之日起生效，有效期从2011年1月1日起至2011年10月1日止，任何一方不得任意毁约，否则应承担对方经济损失。

甲方：××研究所（章）　　　　　　　乙方：××家具厂（章）

代表：×××（章）　　　　　　　　　代表：×××（章）

签约时间：2011年1月1日

2. 请对下面的招标公告进行评析。

××大学修建图书馆楼的招标公告

××大学经上级主管部门批准，拟修建一座图书馆楼，从××××年3月8日起开始建筑招标。现将具体事宜告知如下。

1. 工程名称：××大学图书馆楼。

2. 建筑面积：××××平方米。

3. 施工地址：××市××路××号。

4. 设计及要求：见附件。（略）

5. 材料中钢材、木材、水泥由招标单位供应，其余由投标人自行解决。所需材料见附表。（略）

6. 交工日期：××××年2月。

7. 凡愿投标的国有、集体建筑企业，只要主管部门和开户行认可，具有相应建筑施工能力者均可投标。

8. 投标人可来函或来人索取招标文件。

9. 投标人请将报价单、施工能力说明书、原材料来源说明及上级主管部门的有关鉴证等密封投寄或派人直送我校基建处招标办公室。

10. 招标截至××××年4月8日（寄信以邮戳为准）。4月10日，在我校办公楼会议室，在××市公证处公证下启封开标。

3. 运用自己所学过的文体写作知识，对下面这篇经济预测报告进行评析。

提示：

（1）评析应主要着眼于文章的一般写法，要对文章的总体结构和各构成要素做简要的说明、分析。

（2）既要注意运用所学知识，又要注意结合原文。

（3）分析要有条理。

塑料原料市场分析与展望

我国塑料原料市场从去年下半年开始，一改持续了两三年来低迷不振的疲软局面，呈现出需求殷切、资源趋紧和价格不断攀升的态势。例如，塑料"三烯"去年年末的市场平均价格已分别达到 8 700～9 700 元/吨，与上半年平均价格水平相比，高压聚乙烯由 6 900 元/吨升至 8 700 元/吨，升幅为 1 800 元/吨；低压聚乙烯由 5 800 元/吨升至 8 800 元/吨，升幅为 3 000 元/吨；聚丙烯由 6 000 元/吨升至 9 700 元/吨，有些地区每吨升幅高达 4 000 元，平均升幅为 3 700 元/吨。升至较高水平后，伴随着季节性消费需求下降和国际市场行情下跌，在新年前后市场出现了一段平稳期，但价格仍基本保持坚挺。

近期，尤其是进入 3 月份以来，塑料原料市场再度出现高涨局面，塑料"三烯"原料平均比年初每吨又上涨 1 000 元上下，而 ABS 树脂出现暴涨，多数地区吨价纷纷突破 1.6 万元，并向 1.7 万元挺进。目前大部分地区 ABS 树脂吨价均已突破 1.7 万元，广州、浙江、苏州、天津、武汉、重庆、大连等地的 ABS 树脂吨价均已达到 1.75 万元，与今年初相比每吨涨幅竟高达 4 000 元左右，几乎是日创新价位。

当前在多数生产资料仍处于需求平衡、销售平缓、价格还未全部走出低谷的形势下，为何塑料原料市场却呈现不断高涨的局面呢？这种高涨的局面能够维持多久，近一两年的基本走势如何？这的确是生产、经营单位及有关管理部门极为关注的焦点。下面对塑料原料市场的供需形势做一简要分析。

第一，我国塑料原料消费正处于增长期，当前及未来一段时期市场总体需求将继续呈现旺盛之势。塑料原料市场需求主要依赖于塑料加工行业的发展，去年我国塑料制品产量完成 557 万吨，比上年增长近 20%，今年一季度其制品生产仍以 10% 的较高速度发展，其中农用薄膜增长达 20%。应该说，我国塑料原料消费目前正处在增长期的初中级阶段，未来一两年内市场消费需求仍将保持增长态势。这主要是因为我国塑料制品人均消费水平与发达国家相比还有很大差距，塑料加工行业发展潜力仍很大。如以塑代木、模代纸的包装业，塑代钢的建筑管材业，装饰装修业，农业大棚栽种等众多行业，其发展均大有潜力。

第二，国产资源仍相对不足。从目前我国生产能力来看，与市场需求仍存在较大缺口。其中，高压聚乙烯大约短缺 65 万吨，缺口是 60%；低压聚乙烯约短缺 254 万吨，缺口是 30%；聚丙烯缺口约 50 万吨，大约有 1/3 靠进口解决；ABS 树脂需 85% 以上的进口资源才能基本满足市场需求。虽然近两年我国已陆续投产建设了一批乙烯重点工程，有些已试车投产，使我国塑料原料的自给能力有所提高，但国产资源相对不足的状况依然存在，尤其像 ABS 树脂等产品仍还需主要靠进口资源来满足。由此来看，国内塑料原料的价格升降较大程度地被国际市场行情变化所左右。

第三，国际塑料原料市场近两年总体走势以稳为主，消费继续保持平稳增长，行情基本坚挺。去年二、三季度和今年二、三月份国际塑料原料市场出现的行情高涨，其主要因素，一是世界经济复苏带动了对塑料原料需求的增加；二是去年有些原料生产国发生事故，停产检修情况较多，使产量下降，可供资源减少；三是日本大地震，因震后修复所用相应物资增多，从而减少了塑料原料出口，造成东南亚地区资源减少，行情逐期攀升；四是主要来自中国内地的强劲进口需求，进一步带动了国际价格上升之势。今年上述有些因素还将继续存在。据国内有关人士预测，今后三年内全球对塑料原料的需求将平均增长 3.9%，全球塑料原料产量将平均增长 3.7%，到 1997 年全球的需求产量将达到 1.19 亿吨，产量将达到 1.24 亿吨。

第四，国家有关政策措施和经营策略很大程度上也影响和制约着市场和行情变化。例如，国家关于治理通货膨胀的政策，将对过高的物价价格进行干涉和调控，从而抑制其价格的过快、过高上涨。又如，国家通过调整关税，如今年实施的暂定关税就将塑料原料中聚丙烯、聚苯乙烯、ABS 树脂等税率由 25% 降到 15%，这也会对降低其进口成本、平抑市场价格起到一定的作用。另外，经营策略、资源到货的均衡性等都将对其价格产生影响。例如，去年我国共进口 ABS 树脂 70.1 万吨，比 1993 年上升 41.2%，占全球总资源的 1/5。这一方面成为导致国际市场 ABS 树脂价格上扬的重要因素，另一方面造成国内资源过剩，甚至会出现进口价与国内市场价倒挂。目前 ABS 树脂出现价格暴涨，并不主要是资源问题，还受国际市场价格高涨和国内惯有的囤积销售、哄抬价格、买涨心理等因素共同的影响。

通过上述分析可以得出这样的结论：我国塑料原料市场在近期内仍以行情坚挺为主，但因能引起市场波动的因素较多，还可能出现价格的波动，甚至猛涨狂跌。生产经营单位应密切注意市场动态，把握时机，避免因经营策略上的失误造成不必要的损失。

参考答案

一、填空题（每空 2 分，共 10 分）

1. 引言　2. 合作投资协议书　3. 价款或酬金；履行的期限、地点和方式；违约责任

二、单项选择题（4 分）

C

三、下面的条款应如何写才能避免纠纷（6 分）

需方向供方订购扇子 × 万打，每打 12 把，每打 × × 元，共计人民币 × × 万元整。

四、写出下列经济文书的标题（20 分）

1. ×××经贸学院游泳池建造项目招标书
2. 2012 年南京市房价市场预测
3. 诗中李杜，酒中茅台
4. ——2012 年厦门市商业物业市场分析
5. ××建筑公司建造马德里车库立项策划书

五、评析下面的广告语（每题 5 分，共 20 分）

1.《环球时报》：把地球抱回家

一个"抱"字，让人忍俊不禁，不一定花钱旅游，只要您拥有了《环球时报》，也就拥有了整个地球。

2.《收获》：精神漫游者的最后家园

没有一点推销的商业味，真是越品越有味道，也显示出它的大家之气。

3. 英国名牌车罗尔斯·罗伊斯：车速 60 公里时，车内唯一的噪声是电子钟走动的声音

从表面看，这则广告毫不隐瞒其产品的"不足之处"，但实际上"揭短亮丑"，歪打正着，使人感到诚实可信，对产品促销起到了很好的作用。

4. 百事可乐：新一代的选择

百事可乐找到突破口，从年轻人身上发掘市场，把自己定位为新生代的可乐，赢得青年人的青睐。一句广告语明确地传达了品牌的定位，创造了一个市场。

六、从写法等角度评析下列经济文书（第 1、2 题各 10 分，第 3 题 20 分，共 40 分）

1. **评析**：这是一份比较简明的订货合同，麻雀虽小，五脏俱全，其条款完备、准确。正文的引言介绍了签订合同的依据和原因，简明扼要。正文的主体是合同的重要组成部分，它包括了明确双方权利义务的具体条款。这份合同的标的是家具，对家具的技术没有在合同中做明确规定，而是由甲方提出乙方先做出样品，待验收合格后方照原样加工。就履约方式而言，是由甲方提供原材料，乙方在甲方处施工。在主体中万万不可遗漏的是第六条违约责任。不能因为关系亲近或顾及面子而忽略这一点，否则一旦出现一方故意或无意违约，另一方的权利就得不到有力保障。可以说这一点是合同能够最终得到实施的关键环节，除此之外，合同中还注明了合同份数、有效期等，说明条款比较完备。

2. **评析**：这是一份建筑工程招标公告，也就是招标书，有时也称招标通知、招标启事。标题采用公文式写法，即：招标单位名称＋招标性质＋内容＋文种（必写），很规范。正文包括引言与主体两部分，引言点明招标的依据、原因等。主体部分详细介绍招标项目和招标步骤，包括：①项目基本情况，如工程名称、建筑面积、施工地址等，还说明了招标方的设计、材料、交工等要求；②招标步骤，即对招标工作所做的安排，包括招标的起止时间，招标文件的发送时间、地点、方式，开标时间和地点，以及对投标方的条件要求。这份招标书语言简洁、准确，应该告知的各项内容无一缺漏，一一公布于众，做到了结构完整、内容详尽、层次清晰。

3. **评析**：这份经济预测报告的标题比较简单，没有预测范围、预测时限，只有预测对象。预测这个文种也没有直接点出，仅用"分析与展望"来暗示。正文的第一、二、三自然段把预测的前言与情况结合起来写，既交代预测范围"我国"，预测时限"近一两年"，预测缘由"各方关注的焦点"，也写明塑料原料市场去年、近期、当前的种种情况，且连用"为何塑料市场却呈现不断高涨的局面呢"等三个问句，引起注意，引出对塑料原料市场的供需形势的分析。分析从"我国塑料原料消费正处于增长期，当前及未来一段时期市场总体需求将继续成旺盛之势"等四个方面进行。这四个方面之间为并列关系，在分析中，注意运用具体数字说明问题，增加可信度；每一个方面都使用段前主句显示段旨，使观点明确、层次清楚；注意观点与材料紧密结合、有机统一，具有较强的逻辑性。作者把主要精力放在分析预测上，重点突出，结论明确，很有参考价值。本预测报告没有单独的建议部分，仅在结论之后用"应密切注意市场动态，把握时机，避免因经营策略的失误造成不必要的损失"一句话带过，就自然结束。

任务四

礼仪文书写作实训

实训目标

通过以工作过程为导向的学习，培养学生的比较能力、快速浏览能力、社交能力和沟通能力。重点掌握欢迎词、欢送词、答谢词、感谢信、慰问信、表扬信、申请书、倡议书、保证书、演讲稿、请柬与聘书等重点文种的写法。

工作任务

写欢迎词 ➡ 递感谢信 ➡ 送申请书 ➡ 请贵宾 ➡ ……

工作情境

××学院正准备召开 2011 级新生欢迎大会，请你代表院学生会写欢迎词。

工作结果

欢　迎　词

亲爱的新同学：

在这个秋风送爽、丹桂飘香的美好季节，你们怀着新的喜悦，揣着新的憧憬，带着新的追求，走进了朝气蓬勃的××学院，走进了宁静和谐的大学校园。这是人生道路的一次重大跨越！十多年的寒窗苦读，终于有了第一份沉甸甸的收获。青春的你们选择××学院，年轻的××学院也选择了你们，这是一件多么幸运的事情！××学院坐落在历史文化名城西安，南眺驰名中外的唐代大雁塔，北临举世闻名的明代长安城墙，历史的厚重，文化的濡染，让这里成为教书育人、读书成才的理想圣地。在此，院学生会谨代表学院全体同学对你们的到来表示衷心的祝贺和热烈的欢迎！欢迎你们成为这个大家庭中的一员！

大学生活，将是你们人生的一个崭新起点，一个飞跃起点，一个翱翔起点，一个让你能量迸发的起点。当你们迈进学院的激动期过去之后，也许你们会发现，大学生活也不像自己想象的那么令人动心。也许公寓宿舍有种种不便；也许食堂的饭菜不合自己的口味；

也许有些课程，甚至一些原来很看好的课程也很乏味；也许发现原来大名鼎鼎的教授也很平常；也许满怀热情提出的某些建议久久没有回复；也许考试成绩不很理想；也许许多老师都可能太忙，根本注意不到你的麻烦和困扰；也许你们很多人在入校之前暗暗下的决心很快就忘了……因为我们也曾这么走过，生活注定会融化许多激情、理想、决心和追求。但大学毕竟是我们成长、我们磨炼意志的地方；是我们放飞梦想的地方；是我们读书求学的场所；是成人成才的殿堂。进入大学后，我们绝不能高枕无忧，绝不能有半点懈怠，绝不能蹉跎人生。我们应该勤勉奋进，以奋斗迎接光明，用微笑对待生活，在微笑中学习生活，在学习生活中微笑，在微笑中感悟生命的伟大价值，体验人生的无限快慰！让欢笑声时时充满我们的校园，我们的生活！

今天，在这里，让我们肩并肩，手拉手，共同学习，共同生活，共同用青春书写未来！"雄关漫道真如铁，而今迈步从头跃"！同学们，拼搏吧！奋斗吧！美好的明天正等待我们去描绘，似锦的前程正期盼着我们去开创！

工作评价

老同学说：这篇欢迎词写得非常好，充满真情实感，尤其是这段"当你们迈进学院的激动期过去之后也许你们会发现，大学生活也不像自己想象的那么令人动心。也许公寓宿舍有种种不便；也许食堂的饭菜不合自己的口味……因为我们也曾这么走过，生活注定会融化许多激情、理想、决心和追求。但大学毕竟是我们成长，我们磨炼意志的地方；是我们放飞梦想的地方；是我们读书求学的场所；是成人成才的殿堂"写得特别好，写到我们心里去了，我们一直找不到准确的语言来表达，欢迎词替我们说了。

老师评价：这是一篇充满激情的现场欢迎词。第一段：致词人先用优美的语言描述新生入校的时间与心情，说明这是一件多么幸运的事情。接着介绍学院的地理位置、人文环境，再用真诚的语言向新生致以热烈的欢迎。第二段：致词人真诚地介绍曾经经历的大学心情，顺势告诫新生大学是放飞梦想、成人成才的殿堂，应该微笑地对待学习生活，情真真，意切切。最后一段：互相勉励，共同用青春书写未来。

这篇欢迎词体现了"欢愉性"、"口语性"的特点，结构包括标题、称呼、正文。没有署名，用于讲话的欢迎词无须署名，但如果需公开刊载，则应在正文标题下面（中间）或文末署名。这篇欢迎词称呼亲切，感情真挚，语言温和、礼貌、热情、友好。

新同学说：欢迎词热情洋溢，让我们热血沸腾，尤其是"在这个秋风送爽、丹桂飘香的美好季节，你们怀着新的喜悦，揣着新的憧憬，带着新的追求，走进了朝气蓬勃的××学院，走进了宁静和谐的大学校园。这是人生道路的一次重大跨越！十多年的寒窗苦读，终于有了第一份沉甸甸的收获。青春的你们选择××学院，年轻的××学院也选择了你们，这是一件多么幸运的事情"描写贴切，引发很多遐想。还有学院地理位置、人文环境的介绍，让我们感到很自豪，很幸运，同时也有珍惜时光、珍惜机遇的决心。最后"同学们，拼搏吧！奋斗吧！美好的明天正等待我们去描绘，似锦的前程正期盼着我们去开创"很有感召力，且用"我们"也拉近了距离，特别有人情味。

情商培育

恒心不如檐水

童第周小时候好奇心十分强，看到不懂的问题往往要向父亲问个为什么。父亲每次都不厌其烦地耐心给他讲解。

一天，童第周看到屋檐下的石阶上整整齐齐地排列着一行小坑。他觉得十分奇怪，琢磨半天弄不明白是怎么回事，便去问父亲："父亲，那屋檐下石板上的小坑是谁敲出来的？是做什么用的呀？"父亲看到儿子这么好奇，高兴地说："这不是人凿的，这是檐头水滴下来敲的。"小童第周更奇怪了，水还能把坚硬的石头敲出坑？父亲耐心地解释说："一滴水当然敲不出坑，但是天长日久，点点滴滴不断地敲，不但能敲出坑，还能敲出一个洞呢！古人不是常说'滴水穿石'嘛！就是这个道理。"父亲的一席话，在小童第周的心里激起了一阵阵涟漪，他坐在屋檐下的石阶上，望着父亲，似懂非懂地点了点头。

由于农活比较多，童第周对学习有些失去兴趣，不想读书了。父亲耐心地开导童第周说："你还记得'滴水穿石'的故事吗？小小的檐水只要长年坚持不懈，能把坚硬的石头敲穿。难道一个人的恒心不如檐水吗？学知识也要靠一点一滴积累，坚持不懈才能获得成功。"为了更好地鼓励童第周，父亲书写了"滴水穿石"四个大字赠给他，并充满期望地说："你要把它作为座右铭，永志不忘。"

陈平忍辱苦读书

陈平，西汉名相，少时家贫，与哥哥相依为命，为了秉承父命，光耀门庭，不事生产，闭门读书，却为大嫂所不容，为了消弭兄嫂的矛盾，面对一再羞辱，隐忍不发，随着大嫂的变本加厉，终于忍无可忍，出走离家，欲浪迹天涯，被哥哥追回后，又不计前嫌，阻兄休嫂，在当地传为美谈。终有一老者，慕名前来，免费收徒授课，学成后，辅佐刘邦，成就了一番霸业。

万斯同闭门苦读

清朝初期的著名学者、史学家万斯同参与编撰了我国重要史书《二十四史》。万斯同小时候是一个顽皮的孩子。有一次，万斯同由于贪玩，在宾客面前丢了面子，从而遭到了宾客的批评。万斯同恼怒之下，掀翻了宾客的桌子，被父亲关到了书屋里。万斯同从生气、厌恶读书，到闭门思过，并从《茶经》中受到启发，开始用心读书。转眼一年多过去了，万斯同在书屋中读了很多书，父亲原谅了儿子，而万斯同也明白了父亲的良苦用心。万斯同通过长期的勤学苦读，终于成为一位通晓历史、博览群书的著名学者，并参与了《二十四史》之《明史》的编修工作。

叶天士拜师谦学

叶天士自恃医术高明，看不起同行薛雪。有一次，叶天士的母亲病了，他束手无策，

49

多亏薛雪不计前嫌，治好了他母亲的病。从此，叶天士明白了"天外有天，人上有人"的道理。于是他寻访天下名医，虚心求教，终于成了真正的江南第一名医。

总有一天你会明白，仁爱比聪明更难做到

全球最大的网上书店亚马逊公司的总裁杰夫·贝索斯小时候，经常在暑假随祖父母一起开车外出旅游。10 岁那年，贝索斯又随祖父母外出旅游。旅游途中，他看到一条反对吸烟的广告上说，吸烟者每吸一口烟，他的寿命便缩短两分钟。正好贝索斯的祖母也吸烟，而且有着 30 年的烟龄。于是，贝索斯便自作聪明地开始计算祖母吸烟的次数。计算的结果是：祖母的寿命将因吸烟而缩短 16 年。当他得意地把这个结果告诉祖母时，祖母伤心地放声大哭起来。

祖父见状，便把贝索斯叫下车，然后拍着他的肩膀说："孩子，总有一天你会明白，仁爱比聪明更难做到。"祖父的这句话虽然只有短短的 19 个字，却令贝索斯终生难忘。从那以后，他一直都按照祖父的教诲做人。

回去勇敢地面对他们，我们家里容不得胆小鬼

美国前第一夫人希拉里·克林顿在 4 岁的时候，她家从外地搬到芝加哥郊区的帕克里奇居住。来到一个新环境后，活泼好动的希拉里急于交上新朋友，但很快她就发现这并非易事。每当她到外面玩耍时，邻居的孩子们不是嘲笑她，就是欺负她，有时还将她推来推去或将她打倒在地。每当这时她都会哭着跑回家去，再也不出家门了。

希拉里的母亲静静地观察了几周后，终于有一天，当希拉里又一次哭着跑回家时，母亲站在门口挡住了她的去路。母亲大声对她说："回去勇敢地面对他们，我们家里容不得胆小鬼。"希拉里只得又硬着头皮走出家门，这让那些欺负她的孩子大吃一惊，他们没料到这个小丫头会这么快又回来。最后，希拉里终于以自己的勇气赢得了新朋友。在以后的岁月里，每当遇到困难与挫折时，希拉里都会鼓起勇气，大胆地迎接挑战。

如果有什么事情值得去做，就得把它做好

沃尔特·克朗凯特是美国著名的电视新闻节目主持人，他从孩提时代就开始对新闻感兴趣，并在 14 岁的时候，成为学校自办报纸《校园新闻》的小记者。

休斯顿市一家日报社的新闻编辑弗雷德·伯尼，每周都会到克朗凯特所在的学校讲授一个小时的新闻课程，并指导《校园新闻》报的编辑工作。有一次，克朗凯特负责采写一篇关于学校田径教练卡普·哈丁的文章。

由于当天有一个同学聚会，于是克朗凯特敷衍了事地写了篇稿子交了上去。第二天，弗雷德把克朗凯特单独叫到办公室，指着那篇文章说："克朗凯特，这篇文章很糟糕，你没有问他该问的问题，也没有对他做全面的报道，你甚至没有搞清楚他是干什么的。"接着，他又说了一句令克朗凯特终生难忘的话："克朗凯特，你要记住一点，如果有什么事情值得去做，就得把它做好。"

在此后 70 多年的新闻职业生涯中，克朗凯特始终牢记着弗雷德先生的训导，对新闻事业忠贞不渝。

战胜残疾的巴雷尼——坚持

巴雷尼小时候因病成了残疾，母亲的心就像刀绞一样，但她还是强忍住自己的悲痛。她想，孩子现在最需要的是鼓励和帮助，而不是妈妈的眼泪。母亲来到巴雷尼的病床前，拉着他的手说："孩子，妈妈相信你是个有志气的人，希望你能用自己的双腿，在人生的道路上勇敢地走下去！好巴雷尼，你能够答应妈妈吗？"

母亲的话，像铁锤一样撞击着巴雷尼的心扉，他"哇"地一声，扑到母亲怀里大哭起来。

从那以后，妈妈只要一有空，就给巴雷尼练习走路，做体操，常常累得满头大汗。有一次妈妈得了重感冒，她想，做母亲的不仅要言传，还要身教。尽管发着高烧，她还是下床按计划帮助巴雷尼练习走路。黄豆般的汗水从妈妈脸上淌下来，她用干毛巾擦擦，咬紧牙，硬是帮巴雷尼完成了当天的锻炼计划。

体育锻炼弥补了由于残疾给巴雷尼带来的不便。母亲的榜样作用，更是深深教育了巴雷尼，他终于经受住了命运的严酷打击。他刻苦学习，学习成绩一直在班上名列前茅。最后，他以优异的成绩考进了维也纳大学医学院。大学毕业后，巴雷尼以全部精力，致力于耳科神经学的研究。最后，他终于登上了诺贝尔生理学和医学奖的领奖台。

同步训练一

一、填空题（每空 1 分，共 5 分）

1. 在公共场合，讲话欢迎友好团体或个人来访用_____（文种），讲话欢送友好团体回归或亲友出行用_____（文种）。

2. 采用书面形式对对方表达诚挚谢意的书信是_____，向对方表示关怀与慰问的信函是_____。

3. 向有关部门、组织表达愿望或提出要求所使用的礼仪文书是_____。

二、评析题（第 1 题 10 分，第 2 题 20 分，共 30 分）

1. 章××同学在山花市旅游局顶岗实习，局长拿出一份请柬，问她写得怎么样？请根据所学的理论知识对该请柬进行评析。

请　　柬

×××教授：

经××市文化局、××市艺术馆、××旅游开发区管理公司、××市经济文化开发公司、××市旅游学校等五家单位共同决定，"××旅游开发区杯"歌手大赛将于 2012 年 1 月 6 日上午 9 时在××旅游开发区文化馆举行。这次由全市 18 个区县代表队参加的大赛，是全市群众文化活动和精神文明建设的一件大事。

"××旅游开发区杯"歌手大赛设立美声、民族、通俗三种唱法，大赛分预赛和决赛两个阶段进行。决赛获奖歌手将得到市级的资格证书。决赛后，将举行隆重而热烈的颁奖晚会。出席颁奖晚会的有省、市政府的主管领导人，以及省、市文化部门的专家和赞助这次大赛的企业嘉宾。

大赛组委会邀请您作为本次大赛的评委，敬请届时光临。

"××旅游开发区杯"歌手大赛组委会（盖章）

二〇一一年十二月二十六日

2. 假设廖××同学来到××市政府顶岗实习。一天，市政府办秘书请他欣赏一份新年贺词，请根据已有的理论知识评析。

新年贺词

中共××市委书记 王××　　××市人民政府市长 吕××

兔去龙来辞旧岁，豪情满怀迎新春。踏着"五个××"建设奋进的铿锵节拍，我们昂首跨入充满希望的2012年。值此辞旧迎新之际，我们谨代表中共××市委、××市人民政府，向全市人民及工作、生活在全国各地的××乡亲致以新春的问候和诚挚的祝愿！祝福大家在新的一年工作顺利，身体安康，合家幸福！

回首2011年，中共××市委、市政府坚持以科学发展观为统领，以"五个××"建设为目标，以"转型跨越发展，转变干部作风"为主线，积极开展"五城同创"，全面加强"项目建设、城镇建设、党的建设"三大建设，推动了经济社会又好又快发展，取得了令人鼓舞、催人奋进的新成就。全年完成地区生产总值115亿元，比上年增长36%；财政总收入23.27亿元，增长25%。城镇居民人均可支配收入13 820元，增长14.19%；农民人均纯收入达到7 558元，增长20%。

喜看今日××，凝心聚力，政通人和；经济繁荣，社会稳定；转型跨越，势头强劲；干事创业，风清气正。这是全市42万人民共同努力的结果，可喜可贺。

回顾过去，成绩显著！展望未来，信心百倍！2012年是实施"十二五"规划承上启下的重要一年，是我市实现转型跨越、全面建设小康社会的关键之年。市委、市政府将坚持既定的发展目标不动摇，紧紧围绕"五个××"建设目标，以加强社会管理、加快转型跨越为主线，以实施"项目建设攻坚年"为重点，多上项目，上好项目，全面建设杏花村、禹门河、阳城乡三大新区，加快酒都××、绿色××、文化××、卫生××和平安××建设步伐，努力推动经济社会发展再上一个新台阶！

机遇蕴含精彩，实干成就伟业。××的辉煌需要××人民的不懈奋斗，需要全国各地××儿女一如既往地关心和大力支持。让我们同心同德，共谋发展，携手共建我们幸福美丽的家园。

三、指出下列聘书的错误，简要说明原因，并重写（15分）

聘 请 书

为了提高教学质量，我院成立了食品安全研究所，特聘请蒋××营养师前来任职，参加教学研究，并关心、指导本校的教学工作。

此致

敬礼

太阳学院（盖章）

二〇一二年一月六日

四、写作题（50分）

1. 请为演讲稿"关爱与真情"写个结尾。（10分）

2. 杨花明在华台机械高等职业技术学院机电专业毕业后，筹措资金欲开办一机械加工厂。在资金到位，厂房、设备也安排妥当之后，他向工商局提出了开业申请，工商局批准了。为了维护自己的合法权益，他聘请了创意律师事务所华泰山律师为常年法律顾问。一切准备就绪，他拟于2012年1月6日正式开业。请代杨花明拟写聘请法律顾问的聘书和邀请其参加开业典礼的请柬。（20分）

3. 生素彦同学到金龙公司兼职，恰逢该公司朱语尉先生与刘华语女士结婚，公司曹经理请生素彦同学代其写个贺词。（20分）

参考答案

一、填空题（每空1分，共5分）

1. 欢迎词；欢送词　2. 感谢信；慰问信　3. 申请书

二、评析题（第1题10分，第2题20分，共30分）

1. **评析：** 这份请柬符合格式要求。标题规范，称呼符合姓名后要有职务或职称的行文规则。正文细致、全面地交代了应该传达的事项，时间、地点、邀请参加的内容和一些其他应知事项都写得非常明确，体现了作者行文态度的严肃、认真，做事的细致、周到。

这份请柬的特点是邀请的事由，以及有关事项写得十分详细，交代得明明白白，使被邀请者感受到这次大赛的意义重大，被邀请者作为评委深受信任，责任重大，同时深切感受到隆重的礼遇。

2. **评析：** 这份新年贺词包括标题和正文两部分，标题采用"内容＋文种"式，简明扼要，如果采用"贺词者＋内容＋文种"式（××市委书记、市长新年贺词），也未尝不可。这份新年贺词没有称呼，因为不仅是面对全市，而且是面对全国的，省略称呼反而精练。正文开头说明祝贺的缘由，表明自己的身份及代表谁讲话，表示对祝贺对象的美好祝愿；主体部分回首去年，喜看今朝，展望未来，不同阶段，选材精当，言简意赅；结尾是号召性的，富有感染力。这份新年贺词首尾照应，都用诗句，典雅而有韵，可谓虎头豹尾。开头"兔去龙来辞旧岁，豪情满怀迎新春"诗句，结尾"机遇蕴含精彩，实干成就伟业"诗句，都用得恰到好处，得体、合理、适境，显得文采飞扬。

三、指出下列聘书的错误，简要说明原因，并重写（15分）

错误与原因：

1. 聘任何职不明；

2. 缺聘期。

更正如下：

聘　请　书

为了提高教学质量，我院成立了食品安全研究所，特聘请蒋××营养师前来担任客座教授，参加教学研究，并关心、指导本校的教学工作。聘期三年（自2012年1月6日到2015年1月5日）。

此致

敬礼

太阳学院（盖章）

二〇一二年一月六日

四、写作题（50分）

1. 同学们，让我们多一份关爱，少一些争执，多一份真情，少一些矛盾，让生活中不和谐的音符通通消失，让我们用团结互助奏出美妙的交响乐！让我们的社会、我们的校园充满和谐，让我们每一个同学在和谐的环境中茁壮成长。

2.

聘 请 书

为了依法办事，维护机械加工厂的合法权益，我厂特聘请创意律师事务所华泰山律师为常年法律顾问。聘期三年（自2012年1月6日到2015年1月5日）。

此致

敬礼

××机械加工厂（盖章）

二〇一二年一月六日

请 柬

华泰山律师：

我厂现在资金到位，厂房、设备安排妥当，工商局批准了我厂的开业申请，一切准备就绪，拟于2012年1月6日正式开业。将于当天上午8:00在××××××举行开业典礼，届时敬请光临。

××机械加工厂 杨花明

二〇一二年一月三日

3.

曹经理在朱语尉先生与刘华语小姐婚礼上的贺词

今天阳光明媚，歌声飞扬，是新娘刘华语和新郎朱语尉的大喜日子，我代表金龙公司在此衷心地祝愿：祝愿你们用恋爱时期的浪漫和激情，在婚姻的现实中，相亲相爱，永结同心，白头到老。你们本就是天生一对、地造一双，而今共结连理，更应该：工作相互鼓励，学习相互帮助，事业齐头并进；遇到困难，同舟共济；发现矛盾，宽容理解。

众所周知，新娘刘华语小姐温柔贤淑、落落大方、美丽可爱，是我们的公司之花；新郎朱语尉先生勤奋好学、仪表堂堂，是我们公司的才子。新郎曾经一路憧憬、几番追求，爱才如阳光般洒进了他的世界；而新娘作为著名的爱情伯乐，当然也是千里挑一地找到了自己的如意郎君，生命因此更加精彩！如今，新郎和新娘，情牵一线，踏着鲜红的地毯，最终在这个让人难忘的周末走进了神圣的结婚殿堂，到达爱情长跑的新驿站！我作为公司的领导与同事，此时也为他们激动不已、高兴不已、欢喜不已。腊月初十，这个特别吉祥的日子，天上人间最幸福的一对在今天喜结良缘。

你们的父母、家人、同事、朋友，以及一切关心你们的人，从此刻起，都会充满期待地注视着你们的婚姻之路。你们已经告别过去，走上精彩的人生新舞台，在这个舞台上，你们将扮演丈夫、妻子、父母、儿媳、女婿等诸多角色，也肩负着时代寄予你们的重托。我在这里能够代表公司给予你们的，仅仅是"祝福"二字。希望你们恩恩爱爱，甜甜蜜蜜，凭仁爱、善良、纯洁之心，用团结、勇敢、智慧之手去营造温馨的家园，修筑避风的港湾，共创灿若朝霞的明天。

来宾们、朋友们，让我们共同举杯，为了这美好的时刻，为这对洋溢着幸福的新郎、新娘干杯！

同步训练二

一、填空题（每空1分，共7分）

1. _____是指特定的公共礼仪场合，主人致欢迎词或欢送词后，客人所发表的对主人的热情接待和关照表示谢意的讲话。

2. _____是用来表彰和颂扬某个单位或个人的先进思想、高尚风格或模范事迹的一种书信；_____是个人或集体提出建议并公开发起，希望共同完成某项任务或开展某项公益活动所运用的一种专用书信。

3. _____是日常生活、工作或学习中，某集体或个人立誓完成某项工作或发誓不再犯某种错误而写的具有承诺性和保证性的一种应用文书。

4. _____是在大会上或其他公开场合发表个人的观点、见解和主张的文稿。

5. _____是为邀请宾客参加某一活动时所使用的一种书面形式的通知；_____是用于聘请某些有专业特长或名望权威的人完成某项任务或担任某种职务时所发的邀请性质的专用书信。

二、评析题（第1题20分，第2题25分，共45分）

1. 马爱华同学到××市水产研究所顶岗实习。研究所办公室主任请他写个聘书，以下是马爱华同学写的聘书，请你运用所学的写作知识进行评价。

聘 书

××先生：

我所是西南地区最大的水产研究基地，承担着国家及省、市下达的科研项目一百余项。为了集中西南地区水产专家的力量参与我所的科研，经我所决定，兹聘请你担任我所兼职研究员，负责进口鱼类的繁殖研究工作，聘期三年（自××××年×月×日到××××年×月×日）。

特此聘请。

××市水产研究所（盖章）

××××年×月×日

2. 请你根据所学的写作知识评析下列欢送词。

欢 送 词

尊敬的各位领导、各位来宾，亲爱的同学们：

时光匆匆，岁月悠悠。夏日的皖西学院又迎来了一年一度的欢送季节。充满青春活力、结满累累硕果的你们，将要告别美丽的湖中学府，走出诗画般的岛上校园，奔赴全国各地，踏上人生新程。此时此刻，全校领导、老师和师弟学妹们百感交集，依恋难舍，万语千言化作一句话：皖西学院是你们人生航程的起点，也是你们强健身心的基地，更是你们规避风浪的港湾。

踏莎行歌，青春浩荡。回首过去，你们专心致志，勤奋学习；你们团结互爱，奋进拼搏。各类丰富多彩的素质拓展活动，展示着你们充满青春活力的风采；各式林林总总的奖状奖杯，镌刻着你们才华出众的优胜；晨曦夕晖映照的林荫大道，铺满着你们思索探求的足印……你们在学校发展的历史画卷中又增添了可歌可赞的崭新一页。

登高伤远别，鸿雁几行飞。话别今天，执手已凝语，冰心在玉壶。告别母校，希望你们鼓起昂扬斗志，更加自信自立，更加勇敢坚强，积极面对到来的困难；告别母校，希望你们领悟珍惜和感激，珍惜师生情、朋友情、同学情，感激父母以及所有对你有帮助的人，做传播爱与文明的使者；告别母校，希望你们正确处理好就业、择业和创业的关系，脚踏实地走好每一步。通向成功的路有千万条，俯下身去，凝视脚下的大地，你们会感到今天的世界布满多少关爱！昂起首来，仰望头上的星空，你们会发现明天的人生充满何等希望！相信吧，你们的未来一定会更加灿烂辉煌！

别浦盈盈永又波，凭栏渺渺思如何？展望未来，我们深情伫望，伫望你们张开隐形的翅膀，翱翔蓝天，放飞梦想；我们热切期待，期待你们面带成功的欣喜，荣归母校，畅叙情怀。

祝你们一帆风顺，一路欢歌，早日实现宏图大志，拥有更加美好的未来！

三、指出下列请柬的错误，简要说明原因，并重写（13分）

请　　柬

敬爱的孙院长：

　　您好！

　　我们是财会专业01级毕业班的学生，我们即将毕业走向社会，面对纷繁复杂、难以捉摸的社会，我们每个人的人生观、价值观都将受到考验。而我们这一代人应该树立什么样的人生观、价值观呢？为了找到一个明确的答案，我年级同学将于4月30日下午2:30在阶梯教室举行演讲比赛。您既是院领导，也兼任我们"两课"的任课教师，特邀请您出席并做指导，并请您担任评委，届时恭候您大驾光临！

　　此致

敬礼！

01级各班班委会

2011年6月25日

四、写作题（35分）

1. 写一份拾金不昧的感谢信。（15分）
2. 写一份爱心捐款的倡议书。（20分）

参考答案

一、填空题（每空1分，共7分）

1. 答谢词　2. 表扬信；倡议书　3. 保证书　4. 演讲稿　5. 请柬；聘书

二、评析题（第1题20分，第2题25分，共45分）

1. **评析：**马爱华同学写的这份聘书，结构完整，正中"聘书"字样为标题，正文是聘书的核心内容，首先交代聘任缘由"为了集中西南地区水产专家的力量参与我所的科研"、受聘者担任的职务"兼职研究员"、工作内容"负责进口鱼类的繁殖研究"，其次写明了聘任期限"聘期三年（自××××年×月×日到××××年×月×日）"，最后写上结束语"特此聘请"，落款署上发文单位名称及加盖公章、日期。到此这张有效聘书便完成了。这份聘书短小精悍，语言简洁明了、准确流畅，结构规范，同时体现出发文者郑重严肃、谦虚诚恳的态度。

　　2. 评析：这份欢送词写得情真真、意切切，美轮美奂。它的基本格式包括标题、称呼和正文。标题"欢送词"采用简洁式：单独以文种命名。标题也可以由活动内容和文种名共同构成，如"在××××届毕业典礼上的欢送词"。称呼写在开头顶格处，并用敬语，规范、礼貌、亲切；欢送词的正文一般由开头、中段和结尾三部分构成。开头通常应说明此时在举行何种欢送仪式，发言人是以什么身份代表哪些人向宾客表示欢迎的，但这份欢送词不落俗套，用深情、优美、含蓄的笔调对将要告别美丽的湖中学府、走出诗画般的岛上校园的学子们，表达了百感交集、依依难舍的毕业欢送之情。中段欢送词往往回首过去，阐明意义、勉励与希望。这里用"踏莎行歌，青春浩荡"过渡，展示学子校园昔日的林林总总，又用"登高伤远别，鸿雁几行飞"引出对学子的殷切希望。结尾通常再次表示真挚的欢送之情与美好的祝愿。这里用"别浦盈盈永又波，凭栏渺渺思如何"承上启下，展现期待祝愿之情。古典诗词的运用，使这篇欢送词精练典雅、意蕴无穷。

　　三、指出下列请柬的错误，简要说明原因，并重写（13 分）

　　错误与原因：

　　1. 格式不规范，内容不精练；

　　2. 演讲主题不明确；

　　3. 用语不严肃；

　　4. 落款单位需要斟酌。

　　更正如下：

请　　柬

敬爱的孙院长：

　　兹定于 2011 年 6 月 30 日下午 2:30 在阶梯教室举行以"人生的价值"为主题的演讲比赛。特邀请您担任评委，届时敬请光临！

　　此致

敬礼！

2011 届财会专业全体毕业生
二〇一一年六月二十五日

　　四、写作题（35 分）

　　1.

感　谢　信

烟台农校领导：

　　贵院国贸班学生王东帅拾金不昧的行为充分体现了大学生高尚的道德情操和精神风貌，为贵院思想道德建设、营造文明校园谱写了新曲。

　　××××年×月21日，我爱人把钱随手就扔在他的黑公文包里，骑着摩托车带着我去××拖拉机厂。到达目的地，突然发现公文包丢了，包里有4 000元钱、手机、电话、通信本、信用卡、身份证等，我爱人当时就慌了，往返几次，都没有找到，无奈只好回家告诉二老，全家人都万分焦急、垂头丧气。

　　第二天上午10时左右，突然接到了一个小伙子打来的电话，告知，他捡到一个黑色的公文包，要我们23号中午到利群超市门口认领，全家人激动万分。23号中午，我和爱人早早赶到了利群门口，可到了之后，才发现那个小伙子比我们来得还早。我们接过包一看，现金和其他物品一样不少。我爱人为表谢意，拿出1 000元钱给他，结果被拒绝了，说这是应该做的。在再三追问下，小伙子才告诉我们他叫王东帅，在烟台农校国贸班读书。我想现在人人都在想办法挣钱，这年头捡到钱不要的人真是太少了，王东帅同学的这种举动，实在是太感人了。

　　经全家商量，一致同意，给王东帅同学做一面锦旗，以表谢意，同时我们特地写了这封感谢信，真心感谢烟台农校能培养出像王东帅这样的好学生。他的拾金不昧的高尚精神，我们全家永远铭记在心。

　　此致

敬礼

×××

××××年×月××日

（引自 http://www.chddh.cn/fanwen。）

2.

企业爱心捐款倡议书

各位同事、各位朋友：

　　当大家像往常一样开开心心地准时上下班，享受快乐生活，拥有健康身体的时候，可曾想到，我们公司有一位同事因心肌梗塞突然发病，正在痛苦、无助、失落，甚至绝望的处境中。

　　今年3月21日21时左右，××因突发疾病晕倒在车间，不省人事，同事及时把他送到医院，医生确诊为心肌梗塞，经过几个小时的努力，才使他最终脱离了生命危险。现在必须及早做手术治疗，而手术费非常高昂，完全超出这个家庭的承受能力。××是挤型四车间的一位主拉手，今年36岁，夫妇俩从遥远的河南省来到中山打工，家中有患心肌梗塞的父亲，不能劳作，长年在家疗养，一对儿女读书须花钱，一家人的生活来源全都落在××一个人身上。××从××××年10月26日进入和胜厂以来，从普工开始做到车间的拉手，工作踏实勤劳，同事相处融洽，平时生活非常节俭，节假日如有加班，都急工厂之所需，主动要求工作。他始终坚持通过辛苦的劳动来赚取加班费以贴补家用，走出困境。在非常困难的时候，他都没有向同事、向公司伸过一次手。××身上有一种力量叫坚持，在艰难中坚持，不抛弃不放弃，这是对生命的最高诠释。这样的员工难道不应该救助吗？

　　经历2010年的风风雨雨，大喜大悲过后，每一个中国人都被深深地感动了，比以往都思考得更多了！而在今天，和胜大家庭中，我们昔日同仁正在饱受苦痛、遭受厄运，我们岂能视而不见、无动于衷？有一种爱，叫友情，来自五湖四海的朋友，出门在外，融入和胜这个大家庭里，那是一种难得的缘分啊！出门在外，靠的是朋友。公司的同事就如左右手，心手相连。各位同事的帮助对于患者和家属不是强大的鼓舞和支持吗？

　　同事们、朋友们！人有旦夕祸福，天有不测风云。残酷的现实，对于××一家无异于一场强烈的地震，巨额的医疗费用和今后的生活费用如同两座大山无情地压在这家人的身上。生命对于每一个人来说是美好的，拥有健康的权力是均等的，在和胜这个大家庭中，我们应该向这位患重症的同事献出自己的爱心，有钱的出钱，有力的出力，一份安慰、一份捐款、一份支持都会汇成爱的海洋。一加十，十加百，百加千千万。捐款不分多少，善举不分先后，伸出你的手，给弱者一个坚强的支持和温暖的安慰！

爱心无价，情谊更浓！一方有难，八方支援；赠人玫瑰，手有余香。只要人人都献出一点爱，就会为我们正处于病痛中的同事撑起一片美好的蓝天。请伸出你的手，让我们为挽救一个生命尽自己的一点绵薄之力吧！！！！！！

最后，希望患者能够早日康复、幸福平安，也祝愿天下所有好心人身体健康、万事如意！

和胜××××

2011 年 3 月××日

（佚名．企业爱心捐款倡议书［DB/OL］．http：//www.027art.com/fanwen/cys/225518.html，2011 - 06 - 02/2012 - 01 - 06.）

任务五

职场文书写作实训

实训目标

通过职业生涯规划、求职应聘、述职、工作调动、辞职等一系列实训，培养学生理论联系实际的能力、应变能力及职场文书的写作能力，使学生熟悉从职业生涯规划、求职、工作、述职到调动辞职的整个流程，为走向工作岗位做好充分的思想准备、心理准备。重点掌握职业生涯规划、求职信、个人简历、应聘演讲、自我介绍的写作。

工作任务

求职策划 ➡ 求职应聘 ➡ 自我介绍 ➡ 调动辞职 ➡ ……

工作情境

如何找到比较合适的工作？这是摆在应届毕业生李贵君同学面前的头等大事。人即产品，特别是对于营销人而言，一个即将就业的大学毕业生如何从众多求职者中脱颖而出，成功走向角色的转变？写一份求职策划书，且看胜算如何？

工作结果

一个应届生的求职策划书

李贵君

引　言

我是一匹狼
—— 一个营销人的宣言

我是一匹精悍自豪的狼
饥饿中透露着对成功的渴望
没有业绩就去死吧

营销人是以业绩论英雄的
没有创新就改行吧
营销人是以创新定输赢的
我奔驰在大山长川，四处找寻
为了理想，为了心愿
前面的路也许会有迷茫
人生的脚步也许会有彷徨
但我愿意保证
我可以为了所爱而愈挫愈勇
也可以为了理想而孤军奋战

经过四年的大学生活，即将面临毕业，如何让自己在众多求职者中脱颖而出，在用人单位面前有令其眼前一亮的感觉，顺利从一个学生转变成为一个优秀的职员，事先的分析和筹划就成为必不可少的工作。独到性、创意性永远是笔者追求的目标，求职也不例外。笔者试着将自身作为一个产品，综合利用各种分析、定位、战略、战术手段，希望达到快速成为市场领先者（即在最短时间内找到理想的工作）的目标。

第一部分　市场分析

一、市场背景分析（就业环境分析）

1. 本年度普通高等院校将有应届毕业生105万，其中湖南省为5.8万，较上一年稍有增长。

2. 普通高校毕业生基本上为并轨生，已从统招统分走向自主择业、双向选择。

3. 国内经济开始从亚洲金融危机的阴影中逐步回升，就业形势看好。

4. 知识经济兴起，对人才的信息化提出了更高的要求。

5. 入关在即，世界经济一体化趋势加强，对人才的国际化提出了更高要求。

6. 中国企业正从生产型、推销型组织向营销型组织转化。

二、购买者分析（招聘单位分析）

招聘单位可分为四种类型：傻帽型、实惠型、苛刻型、混混型。各型用人单位的特征如下表所示。

不要马儿跑得好	要马儿跑得好
Ⅰ 傻帽型 不要马儿跑得好，却给马儿吃好草	**Ⅱ 实惠型** 先要马儿跑得好，后给马儿吃好草； 或先给马儿吃好草，后要马儿跑得好
Ⅳ 混混型 不要马儿跑得好，也不给马儿吃好草	**Ⅲ 苛刻型** 既要马儿跑得好，又要马儿不吃草

1. 傻帽型的从现实看来，以一部分目前效益较好的国有企业为主。这种用人单位是不多的，也不可能存在太多时间，竞争的压力很快就会让其失去生存的机会。对于本人而言，这种企业也不是理想的安身之所，对之排除在外。

2. 苛刻型企业以一小部分私营企业为主。这种单位既要马儿跑得好，又要马儿不吃草，一切从自我出发，从不考虑职员利益与其发展自我的需求，不大可能招到理想人才，也不大可能保持持久生命力，因而也不是理想的组织，本人也不予考虑。

3．混混型企业以相当部分的国有企业为主。这种单位提供较低的薪资，也不要求职员实现很好的业绩，对市场竞争漠不关心，对市场情况反应迟钝。这种企业也不具竞争优势，本人也不予考虑。

4．实惠型企业又可分为两类：先要马儿跑得好，后给马儿吃好草；或先给马儿吃好草，后要马儿跑得好。前一类以一些优秀的民营企业、已市场化的国有企业为代表，后一类以一些优秀的三资企业为代表。实惠型企业能较好地同时实现企业与个人的目标，是理想的单位，本人只考虑加入该种企业。故以下仅针对此类做进一步分析。

（1）招聘单位逐渐重视人才的综合技能，从单纯重学历走向既重学历又重能力，既看文凭又看水平。

（2）对于营销人员的选择上，倾向于选择能真正认同营销价值的人员。

（3）招聘单位对人才的使用有两种方式：长期利用型，愿意从应届毕业生中挑选，愿意长期培训；短期利用型，不愿意从应届毕业生中挑选，不愿意长期提供培训。

（4）由于营销专业是近十年才从国外引进的一个专业类别，招聘者中科班出身的少。

（5）沿海地区招聘一般有三关：初试、复试、终试。内地招聘是两关：初试、终试。

（6）招聘单位对人才的第一印象较为看重。

三、竞争对手分析（其他求职者分析）

从购买者（用人单位）看来，市场上的产品（人才）有两大类：经验人士和应届生。经验人士有着多年的专业与行业的积累，执行力强，市场操作经验多，能够快速地达到企业对岗位的要求，具有相对优势。但应届生也有自身的优势，如对薪资的低要求、较强的可塑性、刚出道时的激情和较高的忠诚度，他们相对于经验人士而言，是在不同层面进行竞争。

由于本人为应届毕业生，定位于营销事业，故直接竞争者为其他应聘营销岗位的应届毕业生。

直接竞争者可分为几类：第一类为非名牌大学营销专业者；第二类为名牌大学营销专业者；第三类为名牌大学非营销专业者；第四类为非名牌大学非营销专业者。

第一类人才综合技能一般，有专业基础，认同营销的价值，对本人构成一定威胁。

第二类人才综合技能高，专业基础扎实，认同营销价值，是本人最大的竞争对手，应极其重视其竞争优势。

第三类人才缺乏营销专业知识，营销观念不强，难以认同营销的价值。除小部分人外，一般而言选择营销事业是不得已而为之，是在没有找到合适工作时的权宜之计，一旦有自己心仪的工作机会或在营销工作中遇到挫折就会立即辞职。但由于名牌大学生一般均有较宽的知识面，有较强的综合技能，对本人有一定的威胁。

第四类人才综合技能一般，无专业基础，难以认同营销的价值，对本人构成的威胁较小。

四、市场需求预测（就业前景分析）

1．WTO的即将加入使得营销竞争从国内式的竞争走向国际化竞争，国际型营销人才需求加大。

2．知识经济的兴起，引起了对网络人才的巨大需求。对一般营销人才的需求仍在增长，但增长速度逐步放缓。

3．经济的复苏，引起了对营销人才的巨大需求。

4．国际国内企业以营销工作的重视，引起了对营销人才的巨大需求。

5．从广东、江浙、京津等经济较为活跃的一些地区反馈的信息来看，营销专业较为紧缺，有较大需求。

6．较多企业倾向于选择综合技能较好，又能认同其价值的毕业生作为其营销人员。

7．本人毕业的学校是国内较早引进营销专业的高校之一，口碑较好，社会对本校本专业人才的需求较大。

五、SWOT 分析

优势点：

1．认同营销对社会的巨大价值，拥有先进的营销理念，愿意为营销事业奋斗终生。

2．有较强的综合技能，书面、口头表达能力出色。

3．有较好的外语、计算机技能（英语四级，计算机二级）。

4．专业基础扎实，拥有以营销学科为核心、其他相关学科为补充的合理知识结构。

5．有较高的市场分析能力，参加过较好的市场调查活动，并掌握了一些先进的市场分析工具。

6．有较多的营销实战经验，参加了湖南省内多家企业的营销策划活动，并利用课余时间参与了一系列的产品销售活动，提出了许多有效的建议，并有一部分为相关单位所采纳，拥有一定的实操能力。

7．对沿海地区的人文、地理均较为熟悉。

8．对一些区域文化有一定的了解，能用粤语、湖南方言、川系方言自由交流。

9．有创新精神，能用新方法、新观点影响他人。

10．智商、情商较高，逆商特高。

11．身体健康，吃苦耐劳。

劣势点：

1．营销自身的资金有限，包括现金、存折上的资金目前仅有人民币 1 450 元。

2．英语未过六级，口语及听力水平均不高。

机会点：

1．社会对营销人才有巨大的需求。

2．卖方市场到买方市场的进一步转化，促使营销成为企业工作中的重中之重。

3．营销专业是近来新兴的专业方向，之前科班出身的人才较少，目前这一专业的应届生也不多，竞争不大。

4．××商学院营销专业为重点专业，社会各界看好。

威胁点：

1．营销观念在社会上的进一步普及需要一定时间，企业经营层的理念也还有一定差距，影响了营销人员在企业中的话语权。

2．××商学院为新合并成立不足 6 年的普通高等院校，在省外知名度不高。

第二部分　营销战略、战术

一、目标市场细分

企事业性质细分：企业单位、事业单位。

行业细分：消费品企业、工业品企业、咨询公司。

地区细分：沿海、内地。

所有制性质细分：国有、私营、三资。

二、市场定位

专业定位：专业的营销人才，熟悉市场分析，拥有敏感的市场觉察力、良好的传播理念与市场操作能力。

内涵定位：崇尚"心灵交汇，创意生活"，注重人与人之间的沟通，融合各环境要素，以稳求存，以奇制胜。

三、目标市场选择

选择企业单位；选择消费品企业或咨询公司；选择私营或三资企业；选择沿海企业。

所选择企业还需满足以下条件：第一部分所指的实惠型企业；前景较好的企业；求贤若渴的企业；近期局面较好的企业；有完整人才培养机制的企业。

四、营销战略

可用一句话来概括：一心两用，三纲四目。

一心：一心用于营销事业。

两用：其一用于完善人生，其二用于回报社会。

三纲：第一纲，营销业务纲，熟悉业务工作，在业务上达到同龄人中的佼佼者；第二纲，营销管理纲，在业务经验成熟时进入营销管理岗位，将自己的经验传授给新业务人员，打造一支优秀的营销队伍；第三纲，营销策划纲，在进行营销管理的同时，注重营销策划，策划好整个工作。

四目：即四个五年目标。第一个五年目标：收入目标，一年后年收入达到50 000元，三年后年收入达到100 000元，五年后年收入达到200 000元。第二个五年目标：利润贡献目标，一年后个人为企业创造利润200 000元以上，三年后个人为企业创造利润500 000元以上，五年后个人为企业创造利润达1 000 000元以上。第三个五年目标：知名度目标，五年后在同行业达到较高知名度，拥有一定的市场地位。第四个五年目标：职位目标，五年后进入企业营销部门高层领导行列。

五、4PS策略

（一）产品策略

规划出本人作为一个求职者的核心产品在于创新工作能力、不屈不挠的奋斗精神、强烈的上进心、优秀的团队合作思想与旺盛的再学习动力。

（二）价格策略

1. 两年内底薪2 000元以上，月总收入4 000元以上。

2. 两年后底薪3 000元以上，月总收入6 000元以上。

3. 五年后底薪10 000元以上，月总收入18 000元以上。

（三）分销渠道策略

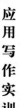

1．通过参加长沙、广州等地的人才交流会推广自己。

2．通过网上招聘形式推广自己。

3．通过参加校内人才交流会推广自己。

4．通过导师、亲友等人员介绍自己。

（四）广告与促销策略

1．广告：形象广告，树立良好形象，获得用人单位的青睐；保持整洁得体的服饰；练习动人的演说；书写求职策划书一份，以创意性观点、差异化诉求寻求用人单位的注意与赏识；宣传资料，印发求职材料10份；整理自己在一些专业媒体发表的作品作为免费广告载体，宣传自身的专业性。

2．人员推销：利用自身特点，结合对方需要，主动上门推荐自己。

3．试用品推广：以优惠价格试用三个月。现场产品演示，在面试时充分表现自己的优势点。

4．公共关系：积极参与社会公益活动，向用人单位展示自己的社会责任心，保持良好形象。

六、补充新知识，新经验的策略

为保持持续的核心竞争力，本人仍需从以下方面不断提高。

1．阅读有关营销图书。

2．向优秀的营销人员学习先进的营销思维。

3．继续锻炼与人交往的技巧。

4．继续培养情商。

（引自中国人力资源开发网。）

工作评价

李贵君同学的求职策划书，洋洋洒洒4 000多字，独辟蹊径，与众不同。据了解，李贵君同学凭着这份策划书，不靠任何关系和门路，给自己闯出一条路，最终加入了广东省一个著名企业，顺利完成了从学生到企业人的较变。

这份求职策划书最大的创意是发挥营销专业毕业生的优势，把自己当做一个产品来营销。李贵君综合利用市场背景分析（就业环境分析）、购买者分析（招聘单位分析）、竞争对手分析（其他求职者分析）、市场需求预测（就业前景分析）、SWOT分析，把自己定位在"先要马儿跑得好，后给马儿吃好草；或先给马儿吃好草，后要马儿跑得好"的优秀民营企业、已市场化的国有企业、优秀的三资企业。这类企业能较好地同时实现企业与个人的目标，是理想的单位，比较实惠，所以李贵君把这类企业称为实惠型企业，可以说定位准确，符合"是鱼就不要憧憬蓝天，是鸟就不要留恋大海"（引自黄绮冰散文集《南方雪意·学会放弃》）。战略、战术手段在求职策划书中的运用，让用人单位觉察到应聘者是个有思想、有抱负、有创意、有作为、有谋略的不可多得的人才。其被著名企业录用也是必然的。

把自己当做一个产品来营销，是创新。创新是一个民族进步的灵魂，无论做什么，都需要创新，求职、处事、写作亦然。

应
用
写
作
实
训

情商培育

就业成功案例解析——善用"兴趣"开启求职成功之门

很多大学生都希望凭自己的专业知识找到一份理想的工作，以便学以致用。然而，很多毕业生在就业市场上无法找到一个"对口"的饭碗，激烈的竞争迫使大学生们在求职时不得不另辟蹊径。当专业优势不再成为优势、求职陷入困境时，很多大学生选择了一条"兴趣求职"的道路，"兴趣"成了求职制胜的法宝。

征文"征"出来的工作

学计算机专业的张川爱好文学，平时常写文章，偶尔也有作品见诸报端。他希望毕业后能够在 IT 行业工作。大三暑假，张川在经常访问的某国内知名网站的主页上，发现该网站正开展征文活动。此时他正好在生活中遇到了一点烦恼，于是有感而发，写了一篇情深意长的文章《离开你的第七天》投给该网站。开学后，张川在 IT 行业中求职屡战屡败。一天，正为求职苦恼的他接到该网站的电话，告知他的文章获奖了。

于是，张川找到网站征文活动的负责人，该负责人得知张川的求职经历后，问他是否愿意到公司来做事，并许诺丰厚的待遇。张川大喜过望，求职的艰难让这份工作显得格外诱人，第二天张川便到公司实习，负责该网站校园版块的策划组稿工作。上班后，张川成功策划了网站和学校的一次联谊活动。在试用期三个月过后，张川终于迈进了自己心仪的IT 行业。

点评：从表面上看，张川的求职成功似乎是"妙手偶得之"，其实这与他平时对文学的爱好和练习是分不开的。张川最初的求职期望是担任一名 IT 公司的技术员，然而写作方面的爱好却成为他迈入 IT 公司门槛的"通行证"。事实上，很多 IT 公司并不缺少技术过硬的研发人员，缺少的是拥有一定的技术功底、对宣传策划和活动组织具有良好领悟力和执行力的人。张川求职成功的案例，让我们看到了理工科同学加强文学修养、文理兼备的重要性。

篮球成为求职"敲门砖"

经济学院国际贸易专业的李小勇非常喜欢打篮球，是院队的篮球主力，高中时就已获得国家篮球二级运动员证书，上大学后又拿到一个篮球三级裁判员证书。令李小勇没想到的是，体育方面的爱好和优势竟成为其求职优势，篮球成为他求职成功的"敲门砖"。

去年 12 月份，在一次大型招聘会上，国内某著名通讯公司的展厅前，求职者异常拥挤，该公司开出的待遇比其他招聘企业高出一筹。李小勇发现自己的条件符合"行政助理"一职，便投递了一份简历。第二天，该公司通知李小勇参加面试，了解到他的成长经历后，负责人当场与他签订了就业意向。原来该公司所在的系统每年都要举行一次篮球比赛，成绩作为各分公司年终考核的一部分，而该公司近年来总是无缘进入复赛，于是该公司领导让人力资源部在当年的招聘中优先考虑擅长篮球者。因此，在诸多求职者中，李小勇尽管条件不是特别突出，但身材高大、擅长篮球这一点却让他脱颖而出，受到了该公司的青睐。

点评：用人单位不一定需要特别全面的人才，但合适的人才却是它们急需的。网易老总丁磊在一次面向大学生的招聘演讲中，指出网易最需要的是"合适的人"，而不是"合格的人"。在他看来，"合适的人"就是符合公司需要、对公司有用的人。因此，在众多求职者中，李小勇尽管不是最优秀的，但却是最符合公司需要的人，所以，他的求职成功也就理所当然了。另外，这也从一个侧面反映了大学生在求学期间不应随便放弃自己的特长，应该做到学习与发展特长两不误。

"一专多能"的导游小姐

高考填报志愿时，张芳芳报考的是当时热门的工商管理专业，却被调剂到历史系。这使她一入学就把自己的发展方向定位为"一专多能的复合型人才"，即在努力学好专业知识的同时，全面提高自己的能力。于是，她积极参加院系学生会、校法律协会，多次参加演讲比赛和社会实践活动，锻炼自己的组织协调及表达能力，丰富自己的阅历。张芳芳特别钟情于旅游，渐渐地她爱上了导游这一行。大三暑假，她来到一家旅行社实习，锻炼自己在导游方面的能力。毕业求职时，有着丰富的带团经验、良好的旅游知识、扎实的专业背景、出众的演讲能力的张芳芳从诸多应聘者中脱颖而出，并成为某大型旅行社的业务骨干。

点评："一专多能的复合型人才"既是高校的育人目标，也是学子们的成才方向。在保持专业优势的同时，多方位、多层次地培养自己的其他才能，是很多大学生在校期间孜孜以求的目标。而招聘单位对"一专多能的复合型人才"也是求贤若渴，"复合型人才"既可以尽快上岗，节约培训成本，又可以适应不同的工作岗位，便于人才的内部流动和培养。尽管现在的岗位分工越来越精细化，但能胜任多个岗位的"多面手"比只有单一工作技能的人，无疑更能得到用人单位的喜爱。因此，大学生在校期间，既要有明确的学习、成才方向，又要对今后的人生发展和职业定位有明确的规划。

摄影记者原是化学系出身

化学系的张喜华喜欢摄影，是学校摄影协会的铁杆会员。大学四年下来，他的摄影技术大有长进，作品多次在学校举办的摄影大赛中获奖，有一幅作品还获得了省级摄影比赛的三等奖。2004年毕业求职时，不善言辞的张喜华处处碰壁，看着他一筹莫展的样子，老师便建议他尝试摄影方面的工作。张喜华便开始留心身边一些报社和杂志社的招聘启事。后来，通过考试，他成了某省会城市晚报的一名专职摄影记者。刚开始，由理转文的张喜华对新闻工作非常不适应，采访照片背后的文字报道一度让他伤透了脑筋。经过一段时间的积累后，他的采访能力和文字功底大有提高。在晚报工作两年后，张喜华又被本市一家都市报挖走，成为该都市报摄影部的顶梁柱。

点评：在观念开放、人才流动频繁的现代社会，跨行求职已不是什么新鲜事，就业的压力迫使越来越多的大学生选择了跨专业求职，从事与自己所学专业不相关的工作。张喜华尽管是学理的，但在摄影方面的爱好和一技之长使他拥有了一份自己喜爱的工作。对于跨专业求职一族而言，无论是"逼上梁山"的无奈，还是一种自主选择，他们都用自己的兴趣和勇气踏出了一条不同寻常的就业路。他们在新的领域里，看到了别样的风景，享受了别样的人生。

在竞争日益激烈的人才市场中，当专业优势不再成为求职优势的时候，求职者的爱好或特长，往往是将其从众人中分离出来的一个显著标志。或许，兴趣求职只是求职成功中的一个偶然因素，但它却透露出这样一个事实：机会不只垂青有准备的人，而且垂青有多种技能的人。兴趣广泛、拥有多方面技能的人才，无疑使自己拥有更多的求职筹码，也就理所当然地成为求职场上的佼佼者了。

瞄准兴趣再出击

在求职面试之前，正确地分析自己的职业兴趣，根据自己的职业兴趣来选择职业。

1. 现实型的人。这种人喜欢有顺序、有规则的具体劳动和需要基本技能的工作。现实型人的职业：制图员、摄影师、飞机修理工、某些高性能电器维修等。

2. 调查型的人。这种人喜欢抽象、分析、推理和独立的工作。调查型人的职业：数学、化学、物理学、生物学等自然科学研究者，如图书馆技师、计算机程序编写者等。

3. 艺术型的人。这种人爱想象，感情丰富，有创造性，而且能自我反省。艺术型人的职业：雕刻家、艺术家和设计师，音乐教师、管弦乐队的指挥，编辑、作家和文艺评论家等。

4. 社会型的人。这种人喜欢交往、社交聚会，关心社会问题，愿意做社团工作，对教育活动感兴趣。社会型人的职业：教师、教育行政人员、大学教授，社会工作者、社会学家、护士等。

5. 企业型的人。这种人性格外向，热衷于冒险活动，喜欢担任领导角色，具有支配、劝说和运用语言技能的能力。企业型人的职业：企业和商业管理人员，产品销售员和人寿保险员等。

6. 传统型的人。这种人喜欢系统和有条理的工作。这类人具有讲求实际、自我控制、友善等特点。传统型的人的职业：办公室人员、接待人员、文件档案管理员、秘书和打字员，出纳员、记账员等。

（中国教育报,2006 - 12 - 08. http://www. cphoto. net/html/zixun/090653467 _ 2. html. ）

同步训练一

一、评析题（45 分）

1. 柴江俊去一家公司人力资源部应聘，该公司招聘负责人要求"谈谈你自己"，时间 1 分钟。下面就是他的自我推介，请说说这个自我推介写得怎么样。（15 分）

自我推介

我来自一个农民家庭，有一个弟弟，父母都是勤劳朴实的庄稼人。中学毕业后，我攻读市场营销专业，曾在一家商业机构担任行销执行员，学到了不少管理方面的知识。我全权负责的一个批发公司，销售总额一年为 200 万元，比前任提高 30%。在那里我积累了管理经验和培养了解决突发问题的应变能力、沟通能力与团队协作精神。我希望这次应聘销售部主任助理能一举成功，给我一个机会，我将给您一个惊喜！

2. 请对下面这篇竞聘办公室经理的演讲稿进行评析。（30 分）

竞聘经理的演讲词

各位领导、各位同事：

　　大家好！在这里我以平常人的心态，参与支行综合办公室经理岗位的竞聘。首先应感谢支行领导为我们创造了这次公平竞争的机会！此次竞聘，本人并非只是为了当官，更多的是为了响应人事制度改革，在有可能的情况下实现自己的人生价值。

　　我现年43岁，中国共产党党员，大专文化程度，会计师专业技术职称。1975年在枝江市供销社参加工作，先后做过营业员、门市部主任、统计员。1985年调入枝江市总工会，担任过图书管理员、出纳员、会计、办公室副主任、计财科副科长等职务。

　　经过几年银行工作的锻炼，使自己各方面的素质得以提高。去年我光荣地加入了中国共产党，荣幸地被三峡分行评为1998年度先进工作者，在创先业务竞赛活动中，被分行授予"三收能手"称号。1999年度我实现了个人揽存余额1 300万元的任务。几年的工作使我深深地感到机遇和挑战并存、成功与辛酸同在。

　　参与这次竞聘，我愿在求真务实中认识自己，在积极进取中不断追求，在拼搏奉献中实现价值，在市场竞争中完善自己。

　　我深知综合办公室工作十分重要，这主要体现在以下三个方面：一是为支行领导当好参谋，二是为全行事务当好主管，三是为一线员工当好后盾。具体说就是摆正位置，当好配角；胸怀全局，当好参谋；服从领导，当好助手。

　　我也深知，办公室的工作非常辛苦，正如前一段社会流传的那样：在办公室工作的同志就像忠诚的狗、老实的羊、受气的猪、吃草的牛、忙碌的马。可是他们像蜡烛一样，燃烧自己，照亮别人；他们像竹子一样，掏空自己，甘为人梯。

　　如果我竞聘成功，我的工作思路是：以"三个服从"要求自己，以"三个一点"找准工作切入点，以"三个适度"为原则与人相处。

　　"三个服从"是个性服从党性，感情服从原则，主观服从客观；做到服务不欠位、主动不越位、服从不偏位、融洽不空位。

　　"三个一点"是当上级行要求与我行实际工作相符时，我会尽最大努力去找结合点；当科室之间发生利益冲突时，我会从政策法规与工作职责上去找平衡点；当行领导之间意见不一致时，我会从几位领导所处的角度和所表达意图上去领悟相同点。

　　"三个适度"是冷热适度，对人不搞拉拉扯扯、吹吹拍拍，进行等距离相处；刚柔适度，对事当断则断，不优柔寡断；精细适度，即大事不糊涂，小事不计较；做到对同事多理解，少埋怨，多尊重，少指责，多情义，少冷漠；刺耳的话冷静听，奉承的话警惕听，反对的话分析听，批评的话虚心听；力争在服务中显示实力、在工作中形成动力、在创新中增强压力、在与人交往中凝聚合力。

　　如果我竞聘成功，我的处事原则和风格是：努力做到严格要求、严密制度、严守纪律；勤学习，勤调查，勤督办；以共同的目标团结人，以有效的管理激励人，以自身的行动带动人；努力做到大事讲原则、小事讲风格、共事讲团结、办事讲效率；管人不整人，用人不疑人。我将用真情和爱心去善待我的每一个同事，使他们的人格得到充分尊重，给他们一个宽松发展的空间。我将用制度和岗位职责去管我的同事，让他们像圆规一样，找准自己的位置；像尺子一样公正无私；像太阳一样，给人以温暖；像竹子一样每前进一步，小结一次。

　　如果我竞聘成功，我的工作目标是"以为争位，以位促为"。争取支行领导对综合办公室工作的重视和支持，使办公室工作管理制度化、服务优质化、参谋有效化。让办公室成为支行领导的喉舌、沟通员工与行长之间关系的桥梁、宣传精神文明的窗口、传播企业文化的阵地、培养人才的摇篮、联结银企合作的纽带。我愿与大家共创美好的未来，迎接建行辉煌灿烂的明天。

二、写作题（55分）

1. 请写一份3分钟的求职自我推介。（25分）

2. 请写一份推销函。（20分）

3. 请写一份辞职信。（10分）

参考答案

一、评析题（45分）

1. **评析：** 这篇1分钟的自我推介，是应招聘面试者要求"谈谈你自己"这一问题而进行的即兴讲话。应聘者机敏地只用一句话20多个字介绍个人与家庭，含蓄地暗示父母的勤劳朴实可能对自己的影响，很快地将话题转到与工作有关的专业优势、工作经历、业绩、经验和能力上来，尤其是"销售总额一年为200万元，比前任提高30%"，在比较中把业绩具体化了，突出了个人优势。最后只用一句话不但表达了求职愿望和渴望成功的心情，也给人有文学修养的良好印象，留下无穷的回味。

2. **评析：** 这篇竞聘演讲词1 400多字，约讲七八分钟，开头直截了当地进入正题。寥寥数语，点明竞争上岗的意义、演讲者积极端正的态度。在主体部分，首先简明扼要地介绍了自己的简历，使听众对他有所了解。这部分用事实说话，敞开心扉，袒露自我，突出优势所在，充分展示了自己的政治素质、工作能力和业绩，并且清晰地概括了竞聘岗位的工作性质，为引导听众自然而然地推论出此岗位非演讲者莫属的结论做好铺垫。经过自然的转接过渡，演讲者提纲挈领地交代了竞聘成功后的施政目标、施政构想、施政方案，展示了演讲者深受群众信赖和喜欢的工作原则、高超的综合素质和灵活的工作方法，以及明确具体、针对性强的措施。此篇演讲词语言准确、精练、生动，善于使用比喻、排比、对偶等修辞手法，以及群众性口语、俗语，朗朗上口，节奏鲜明。演讲词既有理论的高度，又有情感的深度；既有概括，又有展开，收放自如；充分显示了演讲者深厚的文字功底，给人办公室经理非其莫属的强烈感受。

二、写作题（55分）

1.

自我推介

我叫杨婉君，很多人都以为这个名字是抄袭琼瑶的，不过，的确是先有我这个"婉君"，然后才有了琼瑶的那个"婉君"。但是，同学们觉得叫我婉君有点别扭，所以都叫我杨万君（慢而重地读出），您瞧，在这儿（顺便指着简历上的名字）。

我来自广东潮汕地区，会讲潮州话，由于妈妈是客家人，我也会讲客家话，希望在工作中能够用得上。在今天的候选人当中，我是唯一的非名牌大学毕业生。实际上，我没有考上名牌大学的原因是偏科，高考时数学没及格，可我的文科成绩在班里一直是前几名。一路走来，虽然经历了很多艰辛，但有很大的收获，所以无论今天能否通过面试，我都非常感谢你们给了我这次面试的机会。在学习方面，我拿过两次三等奖学金。在学校做过新东方职业教育课程的校园代理，我的业绩在20多个学生代理中一直排在前三名，当然了，这同我的危机意识比较浓、热爱学习是有关系的。

大学生活使我学会了与人沟通，可能您会觉得，十个大学生有九个会强调自己善于与人沟通，不过我依然觉得这是我在大学里面最大的收获。您从简历上看得出来，我大学时在学生会工作了两年半，从干事一直到副主席，这使我有机会同年龄和背景完全不同的人进行交流，从学生到老师，从学校的领导到校外公司的高层，每一种沟通的方式和方法都不同，从而锻炼了我的语言表达能力和与人沟通的能力。

今天我申请这个职位，主要是因为它符合我的专业和兴趣，我喜欢做销售，在大学我卖过手机卡，推销过英语课程，觉得推销成功以后很有成就感。还有，我觉得自己具备推销员的素质，前面我说过，我在大学的推销记录一直是不错的。总的来说，我认为自己非常适合这个岗位的要求，希望能给我一个机会。

2.

推　销　函

尊敬的顾客朋友们：

××花园别墅区同"三所"之间密不可分。拥有这里的商务别墅，您会享受到三所的一切便利条件：优美的环境，清洁的空气和水源，全套的娱乐生活设施及服务等。甚至，由于是××花园的高级业主，您还能在"三所"内享受特殊待遇，如大比例娱乐消费折扣、××高尔夫俱乐部会员证、单位会议折扣等。

想象一下，拥有一栋这样的高级商务别墅，您企业的重要会议将在绝密的条件下顺利完成；您的大客户会因别墅的奢华大气，而对贵单位的实力钦佩不已；企业的重要合同也会在毫无干扰的情况下顺利签订；而在如此高贵幽静的"御花园"里疗养度假，最挑剔的人也会流连忘返。

××房地产开发公司市场部

××××年×月×日

71

3.

辞　职　信

尊敬的王经理：

您好！我很遗憾在这个时候向公司正式提出辞职。

公司的经营状况一直处于良好的态势，我很荣幸成为公司的一员，在一年多的工作中，我学到了很多知识与技能，非常感激公司给予我这样良好的环境及工作和学习的机会。

但因个人原因需要辞职，我新购房屋在城南，与公司的距离超过15公里，每天往返公司的时间超过3个小时，这对我的工作已造成不良影响，因此，我不得不忍痛离开热爱的岗位。

我希望在××××年×月××日之前完成工作交接，请领导安排工作交接人选。在未离开岗位之前，我一定会站好最后一班岗，我所在岗位的工作请领导尽管分配，我一定会尽职做好应该做的事。

望领导批准我的申请，并请协助办理相关离职手续。

祝您身体健康，事业顺心！并祝公司事业蓬勃发展！

辞职人：×××

××××年×月××日

同步训练二

一、评析题（60分）

1. 杨婉君同学因下面的求职自我推介而获得成功，请加以评析。（20分）

我叫杨婉君，很多人都以为这个名字是抄袭琼瑶的，不过，的确是先有我这个"婉君"，然后才有了琼瑶的那个"婉君"。但是，同学们觉得叫我婉君有点别扭，所以都叫我杨万君（慢而重地读出），您瞧，在这儿（顺便指着简历上的名字）。

我来自广东潮汕地区，会讲潮州话，由于妈妈是客家人，我也会讲客家话，希望在工作当中能够用得上。在今天的候选人当中，我是唯一的非名牌大学毕业生。实际上，我没有考上名牌大学的原因是偏科，高考时数学没及格，可我的文科成绩在班里一直是前几名。一路走来，虽然经历了很多艰辛，但有很大的收获，所以无论今天能否通过面试，我都非常感谢你们给了我这次面试的机会。在学习方面，我拿过两次三等奖学金。在学校做过新东方职业教育课程的校园代理，我的业绩在20多个学生代理中一直排在前三名，当然了，这同我的危机意识比较浓、热爱学习是有关系的。

大学生活使我学会了与人沟通，可能您会觉得，十个大学生有九个会强调自己善于与人沟通，不过我依然觉得这是我在大学里面最大的收获。您从简历上看得出来，我大学时在学生会工作了两年半，从干事一直到副主席，这使我有机会同年龄和背景完全不同的人进行交流，从学生到老师，从学校的领导到校外公司的高层，每一种沟通的方式和方法都不同，从而锻炼了我的语言表达能力和与人沟通的能力。

今天我申请这个职位，主要是因为它符合我的专业和兴趣，我喜欢做销售，在大学我卖过手机卡，推销过英语课程，觉得推销成功以后很有成就感。还有，我觉得自己具备推销员的素质，前面我说过，我在大学的推销记录一直是不错的。总的来说，我认为自己非常适合这个岗位的要求，希望能给我一个机会。

2. 下面是李雨晴求职面试的四段话，请加以点评。（30分）

面试官："李雨晴，你的名字很好听呀！"

李雨晴："是嘛，谢谢！这个名字比较符合我的性格，雨是比较温柔的，晴是比较热烈的，我觉得我的个性既有顺从的一面，也有比较热烈积极的一面。"

李雨晴："哦，我来自肇庆，您去过吗？"

面试官：恰巧几位面试官都没有去过肇庆，当场气氛显得十分尴尬。

李雨晴："其实我高中的成绩是可以进名牌大学的，但是高考时没发挥好。我虽然不是来自名校，但是我相信自己绝对不比那些名牌大学毕业生差。我一直非常刻苦，每一次作文的得分都是优，我发誓一定要比他们还优秀……"

李雨晴："我学会了与人进行沟通，学会了团队精神，也锻炼了自己的领导能力和组织能力。"

二、写作题（50分）

1. 拟写一份约4分钟的竞聘讲话稿。（30分）

2. 请写一份求职信。（20分）

参考答案

一、评析题（50分）

1. **评析**：这份自我推介的开头别具一格，杨婉君的名字很特别，简单介绍一下名字的来历，不仅满足面试官的好奇心，而且可以使面试的气氛变得轻松。杨婉君把自己的名字巧妙地跟琼瑶小说联系起来，并且指了指简历，与面试官进行了互动和沟通，拉近了彼此之间的距离。杨婉君把自己的家乡告知面试官，很有必要，一方面出于礼貌；另一方面，假设面试官与其是老乡，对其求职有好处。杨婉君不是出自名牌大学，但实事求是地说了出来，而不是一味寻找借口。人无完人，自暴其短，适当予以补救，转移对方的注意力，幽默地展示自己又不失尊严，乃锦上添花之举。杨婉君接着分类介绍亮点，用数字说话，用事实打动人，突出自己的优势，很有说服力。介绍大学生活的收获虽然不够全面，但很个性化！

2. **点评一：** 面试官夸奖申请人的名字，一是发自内心地赞美一下漂亮的名字，二是希望能够在面试开始的时候，制造一种放松和谐的气氛。李雨晴的回答却犯了一个典型的交流错误：失真。它听起来很"美"，却完全不真实，因为宝宝刚生下来时，完全看不出其性格是温柔还是热烈！这样反映申请人急于表现自己的优点，结果却违反了最基本的"真诚沟通"原则。面试官本来想放松一下，结果反而被申请人的自夸弄得浑身起了鸡皮疙瘩，觉得自己接下去要是不夸奖他（她）一番，简直就没法继续交流了。

点评二： 一般来说，我们不鼓励申请人"反问"面试官，尤其是这种有关个人信息而不是商业信息的私人问题。

点评三： 为自己辩解，反而弄巧成拙，暴露了自己心理素质差、经不起失败的缺点。并且，适当地夸奖自己是可以的，但是绝不可贬低别人来抬高自己。

点评四： 李雨晴的回答看上去中规中矩，却犯了三个明显的交流错误：一是不全面，因为大学的收获绝不只是沟通和组织能力；二是缺乏说服力，短短一句话，说了自己的四种能力，但没有任何事实予以支撑，让人难以置信；三是不够个性化，这样的回答，与别的申请人"撞车"的可能性很大，估计十之八九会让面试官暗叹"又来一个善于沟通、有团队精神的人"。

二、写作题（50分）

1.

竞聘系主任演讲词

黄绮冰　2009.1

我现在是教授、作家、人文系主持工作的副主任。我竞聘的职位是人文系主任。

为什么要竞聘这个岗位呢？

大家都知道比尔·盖茨，我也很崇拜他，我崇拜他的人品——他成功了能帮助大家一道成功。我作为教师，家底不厚，不能像他捐那么多钱，但没钱出力吧！系主任这个职位给我提供为大家做事的机会，所以，我选择这个职位。

我竞聘这个职位有哪些优势呢？我认为有三大优势。

一是有经验。竞聘前我已经主持人文系工作8个月。

二是能服众。作为教授，我教学效果不错，2005年教育部专家来我院评估，听了我的课，当场对院长说"课讲得很生动"。科研方面，来院两年发表了不少论文，不但没有用钱买版面，对方还给我稿费；主编《应用文写作教程》，得到教育部职教专家姜大源教授的充分肯定。总之，才能可以服众。

三是得人心。我认为系主任应该德才兼备，以德为主。意大利诗人但丁认为："一个知识不全的人可以用道德去弥补，而一个道德不全的人却不能用知识去弥补。"而辨别人品，不是看其对有权势人的态度，应看其对普通人、对职位比自己低的人、对无所求的人的态度。我在这方面做得不错。我主持一个精品课，当时参与的5位老师，2位怀孕，1位读博士后，我尽量帮助大家完成任务，没有丢下一个人。结果14章教案都是我一个人整理，14章课件我至少做 9 章。经费下来，我决定平分。年轻人素质不错，都要我多拿，我说以后我老了做不动了，你们再帮我吧！后来一位讲师要上这门精品课，有人说，你付出那么多，怎么办？我说让她上吧！就把课件全部给她。另外，在教研室两年，碰上两次评优，我都说自己到顶了，不要，让给其他老师。人文系课件、书法比赛，我的得分分别是第一、二名，但都让出名次与奖金。因为淡泊名利，没有私心，所以得人心。

不多说了，送一副对联共勉：德才兼备，事业成，不成也成；德才全无，事业败，不败也败。横批：德才决定成败。

2.

求 职 信

尊敬的各位领导、各位老师：

你们好！

本人是××师范学院数学与计算机学院数学专业毕业生，经慎重考虑欲加盟贵校。

在大学三年里，我时刻按照"宽专业，厚基础，强能力，高素质"的标准去锻炼及发展自己，在不断的学习和实践中提高了自己的综合素质，把自己塑造成为一个专业功底扎实、知识结构完善、适应能力强、富有协作精神的综合型应用型人才（见优秀生、各种大赛获奖证书）。

我相信未来社会需要的是高素质的复合型人才，成功的学习者在充分地认识到书的价值的同时，也应认识到书的无价值。因而我在学习之外，积极参加了各种各样的课余活动，如计算机协会、数学建模等。所有这些活动都有利于我提高自身的计算机操作能力和团队协作能力。2007 年下半学期我在江西省会昌县第二中学教育实习一个多月，在教学和班主任工作两个方面得到了较好的锻炼，掌握了教学各个环节的基本要求和方法，了解了班主任工作的主要内容及意义，具备了独立从事教学工作和班主任工作的能力。在实习期间表现出色，受到当地教师、领导的认可，被学校评为"优秀实习生"。在班主任管理方面及和学生沟通方面获益匪浅，知道管理好一个班不仅仅靠能力，更重要的是要有热心、爱心、细心，有朝气蓬勃的活力。

我坚信命运之神只垂青有准备的人，目睹过去深感母校的培养恩深，展望将来惟有以热血、真诚和汗水回报母校和社会，让生命之烛燃起奋斗之光！

我将贵校作为首选目标，是因为贵校拥有和谐的教学环境和积极进取的拼搏精神。我相信在贵校领导的帮助指导下，我一定会学得更多，做得更好。

相信您的眼光，相信我的选择。诚候佳音！

此致

敬礼

求职人：×××

××××年×月×日

附件：毕业证书

教师资格证书

各种荣誉证书等

任务六

综合实训

综合实训一

一、单项选择题（每小题1分，共20分）

1. "由国家机关制定或批准对某一事项做出的法规性的文书"是____。

    A. 条例   B. 办法   C. 章程   D. 规则

2. 表述全局性的长远设想的文件，称为____。

    A. 规划   B. 方案   C. 安排   D. 设想

3. 写总结的主要目的是____。

    A. 回顾工作成绩，树立今后工作的信心

    B. 找出经验或教训，总结工作规律

    C. 找出工作问题，以利于解决存在的问题

    D. 详细记载工作历程，存档备查

4. 撰写的草案性计划，也可以称为____。

    A. 打算   B. 要点   C. 安排   D. 设想

5. 给下面的文书确定文种。

某企业厂部办公室主任让秘书就职工请事假、病假，国家法定假日休息，日常加班，节假日加班拟写一份管理意见。该文件应使用的文种是____。

    A. 条例   B. 办法   C. 章程   D. 规定

6. 典型调查法指____。

    A. 从总体中抽出部分样本进行调查

    B. 从总体中选出有代表性的对象进行调查

    C. 针对总体进行全面调查

    D. 深入现场进行实地观察

7. "机关团体编发反映情况、汇报工作、交流经验、沟通信息的内部文件"是____。

    A. 简报   B. 会议公报   C. 报告   D. 通报

8. 事例分析。

某领导的述职报告，将其在职几年的本人工作成绩和部门工作成绩全部都写了进去。对该做法的评论最恰当的是____。

A. 合乎情理，因为某领导的部门成绩是与其领导作用分不开的

B. 这样做明显突出了个人在工作中的作用

C. 述职报告都是这样写的

D. 应当实事求是地说明自己在这些工作中的实际作用

9. 给下面的文书确定文种。

某企业生产科要给新进设备撰写操作步骤、维护方法。该文件应使用的文种是____。

    A. 规章　　　　　　　B. 制度　　　　　　　C. 规程　　　　　　　D. 办法

10. 事例分析。

某单位老李，因看不惯办公室有人不讲卫生的情况，自己写了一份《卫生公约》贴在办公室的墙上。对该做法的评论最恰当的是____。

    A. 合乎情理，但不合法

    B. 正确，用公约约束某些不良行为

    C. 不正确，公约应当是大家共同商定的

    D. 公约不属于单位或某些机构的法规性文件，贴出来也没用

11. 事例分析。

某同学在学习计划中写道：我在本学期内，除了课堂知识外，还要大量学习计算机知识——学习 C 语言与编程、网络数据库、多媒体制作和三维动画。对该做法的评论最恰当的是____。

    A. 该同学学习热情高，应该予以鼓励

    B. 该学习计划脱离实际，在一个学习内是完不成的，应当修改

    C. 学习计划是给教师看的，与实际无关

    D. 世上无难事，只要肯登攀

12. 给下面的文书确定文种。

某企业厂部工作会议决定，业务部要根据工厂的发展需要，撰写××××年度的生产和销售的进度安排以供下次会议讨论。该文件应使用的文种是____。

    A. 规划　　　　　　　B. 安排　　　　　　　C. 设想　　　　　　　D. 计划

13. 修改下面的文书标题。

××市国民经济和社会发展五年计划。该文件应修改为____。

    A. ××市国民经济和社会发展五年规划

    B. ××市国民经济和社会发展五年安排

    C. ××市国民经济和社会发展五年打算

    D. ××市国民经济和社会发展五年方案

14. 事例分析。

某企业厂部会议记录，记录员小王在会后整理记录时，将×××在会议上提意见比较激烈的部分进行了删除，她认为这些话太过分。对该做法的评论最恰当的是____。

    A. 为了维护安定团结，鼓励在工作中朝前看，应当删去这些"消极"部分

    B. 记录员有权力对记录进行删改

    C. 会议记录最重要的就是真实，不能随意更改、删除

    D. 会议记录大体真实就可以了

15. 下列发文字号标注正确的是____。

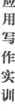

A. 苏政发〔2006〕6 号　　　　　B. 苏政发（2006）第 6 号

C. 苏政发〈06〉06 号　　　　　D. 苏政发（06）6 号

16. 下列标题中不属于总结的一项是＿＿＿。

A. 读书剪报，我积累知识的一种方法

B. 借风扬帆，我县乡镇企业发展外向型经济的经验

C. 学书法的秘诀

D. 大学生的昨天、今天和明天

17. "公告"根据《办法》适用于＿＿＿。

A. 向国内外宣布重要事项或者法定事项

B. 公布社会有关方面应当遵守或者周知的事项

C. 对重要事项或者重大行动做出安排

D. 宣布施行重大强制性行政措施

18. "意见"根据《办法》适用于＿＿＿。

A. 对下级机关布置工作，提出开展工作的原则和要求

B. 对重要问题提出见解和处理办法

C. 对下级机关不适当的决定予以撤销

D. 适用于答复下级机关的请示事项

19. 拟办是指＿＿＿。

A. 对公文的办理提出建议　　　　B. 做好处置办毕文件的准备工作

C. 拟写需要办复的公文　　　　　D. 针对待办理的重要文件撰拟公文摘要

20. 下列在请示中的结束语得体的是＿＿＿

A. 以上事项，请尽快批准！

B. 以上所请，如有不同意见，请来函商量。

C. 所请事关重大，不可延误，务必于本月 10 日前答复。

D. 以上所请，妥否？请批示。

二、多项选择题（每小题 2 分，共 10 分）

1. 计划的特点是＿＿＿。

A. 具有预见性　　　B. 具有计划性　　　C. 具有可行性　　　D. 具有指导性

2. 调查报告的开头常用的形式有＿＿＿。

A. 概括介绍式　　　B. 结论式　　　　　C. 谈论式　　　　　D. 提问式

3. 简报的报头包括：简报名称、＿＿＿。

A. 期号　　　　　　B. 密级　　　　　　C. 编者　　　　　　D. 时间

4. 发文文稿的形成包括的环节有＿＿＿。

A. 拟稿　　　　　　B. 会商　　　　　　C. 核稿　　　　　　D. 签发

E. 注发

5. 不能作为批复结束语的是＿＿＿。

A. 上述批复如无不妥，请参照执行　　　B. 上述批复如有不妥，请予回函

C. 特此批复　　　　　　　　　　　　　D. 此致敬礼

E. 此复在执行中若有新问题，必须立即上报

三、改错题（请指出下面的介绍信存在的问题，5分）

介 绍 信

兹介绍赵林等 3 名同志，前往贵单位联系学生实习事宜。

××学院（公章）

2010 年 9 月 8 日

四、按照新闻标题的一般写法，为下面一篇经济新闻补写标题（10分）

建设银行绵阳市分行推行集约化经营的管理模式，最大限度减少银行信贷风险，创造了良好的经济效益。近两年该分行新增存款 3.1 亿元，新增贷款 4.6 亿元。两年来，该分行发放贷款的利息实收率和按期归还率均达到 100%。

建设银行绵阳市分行针对金融行业经营中的通病，率先在同行业中大刀阔斧地改革，探索出与市场经济相适应的集约化的经营路子。

他们实施贷款经营集中的原则，统管经营网点，统管贷款决策权。他们着眼长远，近两年来撤销了每年有 9 000 余万元存款业务收入的平武县、北川县、游仙区三个支行，将该分行所属营业网点由 140 多个收缩为 85 个，内部职工也调整削减了 300 多人。各支行一律实行集体审贷的原则，彻底改变了以前一个人说了算的做法，强化了贷款的合理性、科学性。该分行根据国家的产业政策导向，重点加强对国家重点扶持的行业和绩优的大中型企业的放贷业务。他们抓住邮电通信这个国家产业政策大力支持、发展空间广阔的基础产业，全年累计为邮电业发放 12 笔共 2.328 3 亿元的贷款，贷款利息实收率为 100%。去年为交通业发放 5 笔共 2.3 亿元贷款，余额新增 8 750 万元，贷款利息实收率 100%，本金按时归还率 100%。对绵阳市的龙头企业长虹（集团）股份有限公司 1997 年投放 7 亿元，1998 年又新增 3 亿元，承兑汇票 164 笔共 7.5 亿多元。

该分行在抓重点客户的同时狠抓优质服务，实行存贷手续上门服务，提高办事效率，把"客户就是上帝"落到了实处。

五、为下面这篇论文补写内容摘要、关键词（15分）

21 世纪我国职业教育的特点与当前对策

21 世纪是我国国民经济持续快速发展的时期。经济和社会的发展，必将对职业教育提出更新、更高的要求。那么，21 世纪我国职业教育面对新形势、新变化，将有什么样的特点？应当采取什么样的对策？这是本文即将探讨的问题。

21 世纪我国职业教育的特点

考察世界先进国家的近况，展望未来，笔者认为 21 世纪我国职业教育应该具有如下特点。

一是先进性，即职业教育的教学内容、教学设施和教学手段都十分先进，如利用教学投影仪、多媒体计算机、电子视听设备和网络等传递新知识。

二是实用性，即通过职业教育，力争知识传播与品德培养同步，理论与实践融合，培养出社会急需的有相当高的行业素质和较强的实际操作能力的毕业生。

三是普遍性，即各级领导、各种技术人员、各类干部、教师、职工等都是职业教育的培养对象，也就是面向全体。

四是终身性，即针对知识激增与陈旧速度加快的现状，每个人一生都要不断接受职业教育，使之在价值观念、科技知识、工作生活能力等方面，都能适应社会不断变化的要求。

五是高效性，即尽可能地运用先进方式使学生在较短时间内获得适应社会需要的职业综合能力。

六是国际性，即为使先进知识、技能可在国际范围内相互流通，而从国际角度出发，培养学生在国际交往中的各种能力。

七是综合性，即为避免单一性，注重学生综合职业能力的开发和一专多能的技能训练，注意培养社会通才。

八是多层性，即职业教育是中等、高等并举，长期、短期结合，学历、非学历共存的多层次多功能的教育。职业教育不仅仅是中等、大专层次，还会出现本科层次，甚至会出现高等职业教育硕士、博士。

当前的对策

既知 21 世纪职业教育的特点，我们对当前职业教育工作便"胸有成竹"，有相应的对策。

首先，要树立新的人才观。

现代化建设需要大量具有一定科学知识、生产经验和劳动技能的人才，他们决定了生产力的发展水平。在今天知识产业迅速发展的新时代，人才将成为各国在世界上生存发展及争雄取胜的关键因素。国际间的经济、科技竞争，说到底是人才的竞争。谁在发展教育、培养人才方面取得优势，谁就在激烈竞争中取得主动权。所以，必须树立新的人才观，充分认识到我国高级人才总量不足，特别是高级技术人才更是匮乏。随着经济建设的发展、科学技术的进步、工艺装备的更新、管理方式的现代化，社会对高层次的应用技艺型专门人才的要求还将更为迫切。可是，目前还有不少人对"人才"存在偏见。有人说："工程师是人才，工人算什么人才！"……工人就不是人才吗？社会需要由各种类别、各种层次的人才组成。凡是能够在社会上给自己准确定位，充分发挥自己才能优势的人，都是"人才"。从这个意义上看，只要准确定位，充分发挥优势，无论高低，不论贵贱，都是人才。工程师是人才，技术工人也是人才。如果位置定错了，优势不能发挥，就无法出人才。用文学的语言来说，是鸟就不要留恋绿水，是鱼就不要憧憬蓝天。树立新的人才观，必然把高级技术工人纳入人才培养和管理规划中去，有利于推进劳动力队伍素质的整体提高。树立新的人才观，就能确立职业教育在经济发展中的战略地位。经济发展所需要的大量各类应用型人才，特别是中级管理人才、三大产业工人主要依靠职业教育来培养。树立新的人才观，就会坚定不移地发展职业教育，改善和提高工人的技术状况，促进经济发展。

其次，必须高度重视职业教育的作用。

据 1999 年福建统计，全省中等职业教育与普通高中的在校生之比达到 6：4。从全国看，两者也是旗鼓相当。倘若忽视职业教育，也就是放弃一大半的人的教育，必然产生无穷的祸害。况且，随着 1997 年 6 月 13 日我国第一所职业技术学院——邢台职业技术学院的正式挂牌，标志大专学历的职业教育也已起步，职业教育的作用将越来越显著。从世界看，世界上许多发达国家也都十分重视职业教育。比如，德国重"资格"，他们的"资格"不是单一的学历文凭或证书，而是更注重操作运用、动手能力，主要靠职业教育来实现。所以，在德国不论是第一，还是第二、第三产业，各行各业都强调职业教育，重视职业教育，而且他们也确实尝到强调、重视职业教育的甜头。然而，我国目前无论在教育内部还是教育外部，鄙视职业教育的思想观念还比较严重。一般家长和社会大众还是习惯把职业教育视为"二流教育"，即使那些基础比较差的学生家长也准备让子女在普通高中里打"持久战"，一年考不取大学，第二年再考。不少学校的初中阶段只看重升学有望的尖子，许多用人单位只重文凭，结果严重冲击职教招生，企业也出现怪现象，不少企业"一名技师干，一群工程师围着看"，有的企业工程师设计出图纸，却没有人能动手操作……如果不改变轻视职业教育的状况，必然影响劳动力队伍素质的整体提高，导致人才结构的不合理、人才结构与产业结构的不匹配和技工人才青黄不接。所以，必须大力宣传职业教育对社会经济发展的重要作用，引起全社会的高度重视，把人们从"重普教轻职教"的陈旧思想桎梏中解放出来。还要运用法律、经济和行政等手段，加大职教投资力度，营造职教发展的良好氛围，确保职教体系建立。

第三，发展高等职业教育。

据调查，现有高等教育本科培养的人才规格与生产第一线实际需要不大对路，而中专毕业生在技能和水平上又达不到要求；专科毕业生还停留在学科型，难以适应生产第一线技能上的要求。因此，社会所需人才层次上存在一个不小的空缺。目前，我国职业教育的重点是放在培养初中级技术工人和管理人员上，共有三种办学形式：一为中专；二为技工学校；三为职业高中。高级技术工人和管理人员的培养才刚刚开始，仅仅只有少数大专层次。而且，初中级的技术工人和管理人员在市场需求渐趋平衡的情况下，供过于求，家长和职校生对升入高层次职校深造的渴望日甚一日。所以，当务之急是要发展高等职业教育。不仅仅是要办大专层次的，还要有本科及以上学历的高等职业教育。一则满足广大高中生、职高生等接受高等职业教育的普遍要求；二则适应经济社会发展对高级技术类人才的迫切要求；三则增强中等职业学校的吸引力，也使职业教育形成一套从初级至高级的办学体系。发展高等职业教育，有利于高等教育结构调整和现有教育资源的合理利用；有利于中等职业教育的发展和中高等职业教育的相互衔接；有利于培养基层和农村需要的高等实用人才，为区域经济和科教兴国第一线服务。

第四，扩大非学历职业教育。

教育的价值既可以体现在学历、文凭上，也可以体现在对工作和职业的适应上，还可以体现在受教育者个性特长的发展上。所以，职业教育形式应该多样化，既要重视学历教育，又要注意扩大非学历教育。因为，非学历往往是短期培训，目标准，时间短，科技含量高，实用性强，经济效益好，深受欢迎。扩大非学历教育，一要纵向延伸，大力宣传"终身教育"观念。即便是已经具备高学历的人，也仍要"学习，学习，再学习"。我们正处在科技发展一日千里的现代信息社会，据统计，近30年来全世界科技成果的数量，大致等于过去2 000多年科技成果的总和。据美国《未来学家》杂志的一篇文章预测，我们今天应用的技术知识将只有占2050年人类获得知识的1%。知识更新如此之大，如此之快，一次学习怎能适应？必须打破单一的"直达车式"的升学制度，提倡"多次学习"，鼓励在职进修，强调终身教育。二要横向推进，面向全体。农民要发家致富喜欢短期、实用、高效的非学历职业教育。领导干部尽管大多是有学历的，但也急需在职短训。现在一个领导外出带秘书，带翻译，带驾驶员，一动一个团队，难道不应该学学外语，学学计算机，学学驾驶吗？即便是多以优秀本科毕业生和硕士以上学历的人员组成的高校教师，也需要以跟踪科技、产业、经济、管理发展最前沿为目的的教育。还有下岗职工的转业、转岗培训等，这些人不一定需要学历，但都要接受短期、先进、高效的职业教育。所以，必须扩大非学历教育，提倡学历教育和非学历教育共存，通过各种教育形式发挥人自身的优势，以满足社会的职业教育要求。

第五，加快教学改革。

面向21世纪，对学生终生负责，培养学生恢弘的视野和广阔的思考力，切实提高学生的整体素质，应是教学改革的主旋律。教学改革的特点：一是由低层次职业教育向高层次职业教育转化，二是由理论型向实用型转化，三是由知识型向能力型转化，四是由单一性向综合性转化，五是由封闭式向开放式转化……教学改革的内容：一是加强职业道德教育；二是加强岗前、转业、转岗培训；三是加强外语教学，不仅仅限于英语，还要加强法、德、日、俄等第二外语的教学；四是加强计算机教育；五是加强身心健康教育；六是加强培养学生吸收、运用信息的能力，实际操作动手能力和超前意识……

总之，当前要转变观念，重视职业教育，充分发挥各地方、各部门的办学积极性，形成多专业、多层次、多种培养目标和培训形式的职业教育网络，开创我国职业教育的新局面。

六、写作题（40 分）

1. 2011 年 10 月 10 日张东按照合同向房东缴了 2011 年第四季度的房租 1 200 元钱，请替房东吴伟写一张收条。（5 分）

2. 指出下列公文文稿的错误之处，并根据公文写作与处理的要求，改写为一份正确的公文。（20 分）

爱国市工业总公司文件

公司发〔2011〕17 号

关于加强自检，坚决杀住企业吃喝风的通知

各厂矿、工厂：

总公司财经纪律检查组本次年底大检查，发现各单位年底宴请频繁，名目繁多的请客送礼，导致很大浪费，广大工人同志对企业干部这种腐败现象极为不满，广大党员对此极为不满。各单位要为了加强廉政建设，维护企业利益，所以总公司办公会议研究决定，各单位必须成立纪检小组。通过加强自检，并在一个月内，将自检报告上报公司。

特此通知。

爱国市工业总公司
2011 年 9 月 6 日

抄送：

爱国市工业总公司办公室　　　　　　　　　　2011 年 9 月 6 日印发

参考答案

一、单项选择题（每小题 1 分，共 20 分）

1. A　2. A　3. B　4. D　5. D　6. B　7. A　8. D　9. C　10. C
11. B　12. C　13. A　14. C　15. A　16. B　17. A　18. B　19. A　20. D

二、多项选择题（每小题 2 分，共 10 分）

1. ACD　2. ABCD　3. ABCD　4. ABCD　5. ABD

三、改错题（请指出下面的介绍信存在的问题，5分）

该介绍信存在以下毛病。

（1）没有写明对方单位或单位负责人的称呼。

（2）正文中的"3"要用大写数字。

（3）结尾没写"请予接洽为荷"等表示谢意的话。

（4）没在落款的左下角用大写数字注明有效期。

四、按照新闻标题的一般写法，为下面一篇经济新闻补写标题（10分）

原文标题参考：

深化改革　稳中求胜
建行绵阳分行集约化经营见成效

五、为下面这篇论文补写内容摘要、关键词（15分）

　　摘要：21世纪是我国国民经济持续快速发展的时期，必将对职业教育提出更新、更高的要求。考察世界先进国家的近况，21世纪我国职业教育面对新形势、新变化，具有先进性、实用性、普遍性、终身性、高效性、国际性、综合性、多层性的特点。必须采取相应的对策：要树立新的人才观，高度重视职业教育的作用，发展高等职业教育，扩大非学历职业教育，加快教学改革等，形成多专业、多层次、多种培养目标和培训形式的职业教育网络，开创我国职业教育的新局面。

　　关键词：21世纪　职教　特点　对策

六、写作题（40分）

1.

收　据

今收到张东交来2011年第四季度的房租壹仟贰佰元整。

　　此据

吴伟
2011年10月10日

2. 文稿错误如下。

（1）标题中有错字，"杀住"应为"刹住"。

（2）根据文种"通知"的写作要求，通知应当有具体事项。该文具体安排事项不够明确，不便于开展工作。例如，成立自检小组，在什么时间开展自检，又在什么具体时间内完成？"一个月"，有些模糊；自检查哪些具体问题？

（3）句子有语病：

"宴请频繁，名目繁多的请客送礼"，句子中的"宴请"和"请客"概念重复。

"导致很大浪费"句中动宾不搭配，应改为"造成很大浪费"。

"各单位要为了加强廉政建设，维护企业利益，所以总公司办公会议研究决定，各单位必须成立纪检小组"，该句子句式杂糅，应删去"各单位要"。

（4）主送单位"各厂矿、工厂"语义重复，删去后面的"工厂"。

（5）标点多处错误。

正确的公文：

爱国市工业总公司文件

公司发〔2011〕17号

关于加强自检，坚决刹住企业吃喝风的通知

各直属单位、分公司和厂矿：

总公司财经纪律检查组在本次年底大检查中，发现各单位年底以各种名目送礼，高档宴请，给国家和集体造成极大的浪费。广大党员群众对这种腐败现象极为不满。为了加强廉政建设，维护国家和集体的利益，经总公司办公会议研究决定，各单位要坚决刹住吃喝风，严禁公款送礼，并在全系统内，开展廉政自检工作。为此特将有关事宜通知如下。

一、各单位自201×年×月×日起，由所在单位一把手、工会负责人和财务部门组成纪检小组，并于201×年×月×日将自检小组名单上报总公司办公室。

二、各单位自检项目如下：

……

三、各单位自检工作，于201×年×月×日始至×月×日初步结束，并将自检报告上报公司。

各单位接到通知后，必须从思想上高度重视，切实把廉政自检工作搞好。

爱国市工业总公司
2011年9月6日

抄送：

爱国市工业总公司办公室　　　　　　　　　　　　　　2011年9月6日印发

综合实训二

一、单项选择题（每小题1分，共20分）

1. 报告适用于＿＿＿。
   A. 汇报工作、反映情况、答复上级询问　　B. 请求批准事项或请求批转公文
   C. 传达主要精神或情况　　D. 商洽工作、询问或答复问题
2. 文件的成文日期，指＿＿＿。
   A. 领导人签发的日期　　B. 文件用印日期

C. 文件发出日期   D. 领导人签署文件正本日期

3. 不宜抄送给下级的文件是____。
    A. 报告   B. 请示   C. 通报   D. 通知

4. 隶属两个上级机关的单位，写请示应当____。
    A. 向负责办理请示事项的上级主送，另一个为抄送单位
    B. 不同时向所有上级机关主送
    C. 任选一个上级机关主送，另一个为抄送单位
    D. 同时向所有上级机关主送

5. 正确的收文处理程序是____。
    A. 签收、登记、加工、分发、拟办、批办、承办、注办
    B. 登记、签收、加工、分发、拟办、批办、承办、注办
    C. 签收、登记、分发、加工、拟办、批办、承办、注办
    D. 签收、登记、加工、分发、拟办、批办、注办、承办

6. 引用公文应当____。
    A. 先引发文字号，后引文件标题   B. 先引文件标题，后引发文字号
    C. 仅引文件标题   D. 仅引发文字号

7. 省人民政府将文件直接发至直属地区或市的行文方式属于____。
    A. 直接行文   B. 多级行文   C. 逐级行文   D. 越级行文

8. 主送机关不能是____。
    A. 受双重领导的任一领导机关   B. 具有办理或答复收文责任的机关
    C. 仅需要了解收文内容的机关   D. 不相隶属的机关

9. 下列公文用语没有语病的是____。
    A. 我单位通过自检，认为已经基本完全达到局里的要求
    B. 为了严惩严重危害社会治安的犯罪分子，特决定如下
    C. 综上所述，该会计科基本遵守财务制度，仅在成本核算方面将福利费分摊超出规定
    D. 区房管局不给办理搬迁手续，以致影响搬迁工作无法进行

10. 下列选项词语全部表示商洽的有____。
    A. 是否可行、妥否、当否、是否同意   B. 蒙、承蒙、妥否、当否、是否同意
    C. 敬希、烦请、恳请、希望、要求   D. 可行、不可行、希望、妥否

11. 《达远公司计算机网络管理办法》的作者是____。
    A. 达远公司的法人代表   B. 达远公司张总经理
    C. 办公室杨主任   D. 法定作者达远公司

12. 递送报告适用于____。
    A. 向上级提出工作建议或意见   B. 向上级汇报全面工作
    C. 答复上级的询问情况   D. 交送文件、物件

13. 发文机关代字指____。
    A. 发文机关名称的号码   B. 发文机关名称的缩写
    C. 发文机关名称的简称   D. 发文机关名称的别称

14. 传达有关单位周知或者执行的事项，使用____。
    A. 公告   B. 通告   C. 通知   D. 通报

15. 答复上级机关的询问，使用____。
    A. 通报　　　　　　B. 请示　　　　　　C. 报告　　　　　　D. 意见

16. 几个机关联合发文，发文字号要标明____。
    A. 主办机关的　　　　　　　　　　B. 所有机关的
    C. 至少两个机关的　　　　　　　　D. 根据情况临时规定的

17. 传达会议情况，使用____。
    A. 通知　　　　　　B. 通报　　　　　　C. 会议记录　　　　D. 会议纪要

18. 经领导人审阅签发的文稿为____。
    A. 向外发出的正式文本　　　　　　B. 向外发出的修订本
    C. 留存在本机关的定稿　　　　　　D. 本机关备查的存本

19. "某市政府向所属各区告知特大交通事故"适用____。
    A. 决定　　　　　　B. 通知　　　　　　C. 通报　　　　　　D. 通告

20. 给下级机关的批复，第二人称采用____最为恰当。
    A. 你单位　　　　　B. 贵单位　　　　　C. 该单位　　　　　D. 你们单位

二、多项选择题（每小题 3 分，共 15 分）

1. 通知的种类有批转性通知、转发性通知、____。
   A. 指示性通知　　B. 任免通知　　　C. 会议通知　　　D. 情况通知
   E. 发布性通知

2. 收文办理包括的环节有____。
   A. 拟办　　　　　B. 批办　　　　　C. 承办　　　　　D. 注办
   E. 催办

3. "有关王××挪用巨额公款的调查、举证和处理的材料"不是按照____特征组卷的。
   A. 作者　　　　　B. 问题　　　　　C. 时间　　　　　D. 文种
   E. 通讯者

4. 函的主送机关适用的范围包括____。
   A. 无隶属关系的需要请求事项的主管机关
   B. 无隶属关系的需要商洽公务的机关
   C. 同一系统的需要商洽公务的同级机关
   D. 本系统的直接上级机关
   E. 本系统的直接下级机关

5. 根据《办法》上行文使用主题词，不能使用____。
   A. 根据经验拟定的主题词　　　　　B. 上级机关颁发的主题词表
   C. 本单位自定的主题词表　　　　　D. 未经规范的词和词组
   E. 6 个规范主题词

三、是非判断题（答案写在各题序号前面的括号里。每题 1 分，共 8 分）

（　　）1. 意向书与合同协议一样，签订之后不能随时变更。
（　　）2. 政府机关不得对党组织下批示、定任务。
（　　）3. 商业广告在向公众进行宣传时，应该要针对特定的消费者。
（　　）4. 消息"倒金字塔"式的结构是指结构的安排由次到主，由轻到重。

（　　）5. 能否找出带有规律性的认识用以指导今后的工作，是衡量一篇总结质量好坏的标准。

（　　）6. 部门的内设机构包括办公室都可以对外正式行文。

（　　）7. 消息一定是以事实为基础，事实也一定都能成为消息。

（　　）8. ×县纪委拟批评×局×××干部玩忽职守，造成国家经济损失的错误，可以用通知行文。

四、填空题（每空 1 分，共 12 分）

1. 调研报告主要包括两个部分，一是_____，二是_____。

2. 根据内容和性质，条据可分为_____和_____两大类。

3. 把下级机关的公文转给其他的下级用_____性通知，把上级或者不相隶属机关的公文转给下级机关用_____性通知。

4. 计划中的内容回答的是"_____"的问题；措施、步骤回答的是"_____"的问题。

5. 应用文最根本的、最能体现其使用价值的特点是_____。

6. 对重要事项或重大行动做出安排，用_____行文。

7. 根据诉讼案件的性质分，起诉状有_____、_____、行政起诉状三种。

五、修改下列公文用语（每小题 2 分，共 8 分）

1. 由于银行贷款利率下调，所以我厂产品的生产成本下降了一倍。

2. 最近，不适当地突出智育是教育的失误。

3. 公司总裁、各分公司经理、来宾的随行人员先后走进会场。

4. 加强素质教育是深化教育体制改革的关键，不能否认这是培养新世纪人才的重要举措。

六、分析下列做法是否正确（12 分）

×××市旅游局外收发人员对收文签收、启封后，将《×××市林业局关于申报市级旅游风景区的函》径送局办公室王主任。王主任在公函空白处写到："建议×××处与×××处共同办理复文，报请刘×××局长阅批。"刘局长阅毕拟办意见，用铅笔圈阅，以示同意。承办单位遂开始办理复文。

王主任对拟好的文稿进行审核。刘局长随即在"发文稿纸"的签发栏内签批："拟同意发出。刘××，××××年×月×日"。文稿交付文印室打印。校对文稿时，王主任突然发现遗漏了重要事项，于是又对文稿做了相应补充。随后、缮印、校对、盖印，然后按规定程序正式向外发出文件。

请根据上述公函的实际办理过程，指出办文环节的错漏之处，并说明理由或提出改进意见。

七、根据指定要求写作（25 分）

1. 根据下面材料，拟写一份会议通知。（10 分）

全国市场营销协会决定于 2011 年 7 月 10 日至 16 日在江苏省南京市召开营销协会年会，于 6 月 28 日发出会议通知。会议的内容是研究和探讨当前营销学的有关学术问题和热点问题，全国市场营销协会的会员均可参加。会期为 7 天，7 月 10 日报到，报到和开会地点是南京军区空军招待所。要求：每位与会者于会前半个月交来相关学术论文一篇；交通食宿费自理。

2. 根据指定内容写作：某研究所，研究出一新型生物应用技术，有意转让科研成果，或找厂

家合作生产。为此，在报纸上刊登信息，决定在××宾馆举行新产品技术洽谈会。（15分）

请据此内容撰写；文种自选；拟定标题；字数不限，文字简洁明了。

参考答案

一、单项选择题：（每小题1分，共20分）

1．A　2．A　3．B　4．A　5．A　6．B　7．C　8．C　9．B　10．A

11．D　12．D　13．B　14．C　15．C　16．A　17．D　18．A　19．C　20．A

二、多项选择题（每小题3分，共15分）

1．ABCE　2．ABCDE　3．ACDE　4．ABC　5．ACDE

三、是非判断题（答案写在各题序号前面的括号里。每题1分，共8分）

1．×　2．√　3．√　4．×　5．√　6．×　7．×　8．×

四、填空题（每空1分，共12分）

1．调查；研究　2．说明性条据；证明性条据　3．批转；转发　4．做什么；怎么做　5．实用性　6．决定　7．刑事起诉状；民事起诉状

五、修改下列公文用语（每小题2分，共8分）

1．答：银行贷款利率下调使我厂产品的生产成本下降了一半。

2．答：最近，过分强调智育而忽视素质培养，使教育走入了误区。

3．答：本公司总裁及各分公司经理、外单位来宾及其随行人员先后走进会场。

4．答：加强素质教育是深化教育体制改革的关键，也是培养新世纪人才的重要举措。

六、分析下列做法是否正确（12分）

答：错误环节如下。

（1）外收发人员违反公务处理程序，不应当将文件启封，并直接交给局办公室王主任。该局应当分清内外收发程序，应由外收发人员将文件交给内收发人员，由内收发人员将文件交给拟办人员处理。

（2）王主任做拟办工作，建议由两个处办理复文不妥，谁是主办？谁是辅助办理？责任不明确。

（3）刘局长不应用铅笔"画圈"的方式表示意见，应在批办单上用钢笔书写明确的办理意见。铅笔书写不符合存档要求。

（4）承办单位应当进行核稿，而不应该由王主任审核，刘局长做为签发人应当对文件进行终审，刘局长做签发工作时没有履行终审的责任，没有遵守"先核后签"的原则。

（5）王主任将文稿交付打印时，发现遗漏问题，不能直接补充后即付印文件，应当请示签发人进行核签后，再行办理。

（6）该办事过程，没有使用专用的登记单、拟办处理单和批办、承办、注发等表格，不规范。

总之，该案例是违反收文处理程序。首先应当明确工作职责和范围，即内外收发的区别和权限。二是确定拟办人员。三是应坚持分层签发制，即明确科室责任，如需要下级办复的，在其权限内，可用部门名义复文。四是必须坚持先核后签的原则。五是坚持签发终审和核签制度。

七、根据指定要求写作（25 分）

1.

关于召开 2011 年全国营销协会年会的通知

营协字〔2011〕19 号

各位会员：

经全国市场营销协会研究决定，2011 年全国营销协会年会定于 7 月 10 日至 16 日在江苏省南京市召开。本届年会的内容是研究和探讨当前营销领域的热点问题和营销学的有关学术问题。

一、参加人员：全国市场营销协会所有会员。

二、参会要求：2011 年 6 月 25 日之前，与会者将一篇相关学术论文发送到以下电子邮箱××××××××@163.com。

三、会议时间：从 2011 年 7 月 10 日报到开始，到 7 月 16 日结束；会期 7 天。

四、报到及开会地点：南京军区空军招待所。

五、费用开支：所有与会者的交通、食宿费自理。

其他未尽事项，请联系年会秘书组。

联系电话：××××××××，联系人：×××，邮箱：××××××@126.com

全国市场营销协会（盖章）

2011 年 6 月 28 日

2.

××研究所启事

×××生物制剂是生产××药品的重要材料，我国一直依赖于进口。现我单位新近研究出生产该材料的新型生物技术，弥补了国内空白，并在国家专利局注册了专利。现有意转让该项科研成果，或与愿意合作的厂家共同生产。

为此，我所决定×××× 年×月×日上午 9：00 时在本市××区××路××号××宾馆迎春厅举行该项技术转让合作洽谈会。

凡有意参加洽谈会者，请打联系电话或来函，以便于我们安排。欢迎同行和业内人士前来参加。

联系电话：××××××

邮政编码：××××××

联系人：××× ×××

二〇〇二年十二月五日

综合实训三

一、单项选择题（每小题1分，共50分）

1. 广义的应用文指"国家机关、企事业单位、社会团体，以及人民群众办理____事务、传播信息、表述意愿所撰拟的实用性文章。"

　　A. 公家　　　　　　B. 公私　　　　　　C. 私人　　　　　　D. 业务

2. 公文中一般很少使用的表达方式是____。

　　A. 叙述　　　　　　B. 描写　　　　　　C. 议论　　　　　　D. 说明

3. 下列应用文语句有语病的是____。

　　A. 我科基本上已经全部完成了工作任务

　　B. 同意你科所请，特此批复

　　C. 此次调查，搞清楚了原来存在的问题，并初步拟订了解决问题的方案

　　D. 你单位2011年8月4日的来函已收悉

4. 下列应用文语句没有语病的是____。

　　A. 经法庭调查，王××对公婆虐待，又不养老人有责任

　　B. 2001年5月13日晚8时，已在××路发生特大交通事故

　　C. 李××无视工作纪律，上班玩牌，造成设备操作事故

　　D. 对这一问题党支部不能不熟视无睹

5. "张思德同志的死重于泰山，因为张思德同志是为人民利益而死的，而为人民利益而死，就比泰山还重。"这段话的论点是____。

　　A. 张思德同志是为人民利益而死的

　　B. 张思德同志的死重于泰山

　　C. 为人民利益而死，就比泰山还重

　　D. 张思德同志的死重于泰山，因为张思德同志是为人民利益而死的

6. 公文的作者指____。

　　A. 单位第一负责人　　　　　　　　B. 单位秘书

　　C. 公文的执笔者　　　　　　　　　D. 制发公文的单位

7. 下列哪个文种不属于《国家行政机关公文处理办法》中的规定文种？____。

　　A. 意见　　　　　　B. 通报　　　　　　C. 报告　　　　　　D. 计划

8. 上行文的行文方向指____。

　　A. 给比本机关级别高的单位发文　　　B. 给比本机关级别低的单位发文

　　C. 给具有隶属关系的上级单位发文　　D. 请示和报告

9. 标志"急件"的公文，应当在____天之内办理完毕。

　　A. 1　　　　　　　B. 2　　　　　　　C. 3　　　　　　　D. 4

10. 政府各部门依据职权，其下行文可以向____行文。

　　A. 下一级政府　　　　　　　　　　B. 下一级政府业务部门

　　C. 政府各部门之间　　　　　　　　D. 无隶属关系的比本部门级别低的机关

11. 受双重领导的下级机关向上行文，应当____。

A. 给两个领导机关主送公文

B. 给负责答复的领导机关主送，另一领导机关抄送

C. 越级给更上一级机关行文，两个机关均为抄送

D. 任选其一主送，另一抄送

12. 给下级机关或本系统的重要行文，应同时抄送____。

    A. 上级机关　　　　　　　　　　B. 直接上级机关和直接各下级机关

    C. 直接上级机关　　　　　　　　D. 其他下级机关

13. 请示可以抄送给____。

    A. 主送机关之外的另一个领导机关　　B. 本机关的下级机关

    C. 其他比自己级别低的机关　　　　　D. 本机关的同级机关

14. 下列哪种情况不能联合行文？____。

    A. 同级政府　　　　　　　　　　B. 同级政府与党委

    C. 政府部门与同级人民团体　　　D. 政府与其下一级政府

15. 下列哪项属于公文的眉首部分？____。

    A. 公文标题　　　B. 签发人　　　C. 主送机关　　　D. 成文日期

16. 需要标明公文份数序号的是____。

    A. 任何公文　　　　　　　　　　B. 报请类公文

    C. 具有绝密和机密级的公文　　　D. 下行文

17. 落款发文机关应使用____。

    A. 全称或规范化简称　　　　　　B. 规范化简称或规范化统称

    C. 全称或规范化统称　　　　　　D. 非规范简称

18. 发文字号指____。

    A. 文件印刷的份数序号　　　　　B. 文件格式的代码

    C. 文件收文标志　　　　　　　　D. 由发文机关编制的该年度发文序号

19. 需要标志签发人的是____。

    A. 令、会议记录和批复　　　　　B. 报告、请示和上行的意见

    C. 函、通知、通报　　　　　　　D. 公告和通告

20. 发文字号中的年度括号是____。

    A. 方括号　　　B. 六角括号　　　C. 大括号　　　D. 圆括号

21. 公文的主送机关指____。

    A. 负责办理和答复的受文机关　　B. 上级机关

    C. 收文机关　　　　　　　　　　D. 同级机关

22. "成文日期"指____。

    A. 公文生效的日期　　　　　　　B. 完成稿件的日期

    C. 文件发出的日期　　　　　　　D. 开始撰稿的日期

23. 任免国家高级干部，适用____文种。

    A. 令　　　　　B. 决定　　　　　C. 通知　　　　　D. 通报

24. "对重要事项或者重大行动做出安排"适用____文种。

    A. 令　　　　　B. 决定　　　　　C. 通知　　　　　D. 意见

25. 给下面标题填写文种：××市关于几起重大交通事故的____。

A. 通知　　　　　B. 通报　　　　　C. 通告　　　　　D. 公告

26. 给下面标题填写文种：××市高教局关于同意××大学增加财政拨款的____。

A. 通知　　　　　B. 意见　　　　　C. 批复　　　　　D. 函

27. 给下面标题填写文种：××研究所关于召开××科研项目的规划会议的____。

A. 通知　　　　　B. 通报　　　　　C. 请示　　　　　D. 报告

28. 给下面标题填写文种：××省农业厅关于××年度农村工作座谈会____。

A. 通知　　　　　B. 通报　　　　　C. 纪要　　　　　D. 报告

29. 给下面标题填写文种：××公司关于开除××职工的____。

A. 通知　　　　　B. 决定　　　　　C. 公函　　　　　D. 通告

30. 分析下面公文标题的错误：××厂关于购置××设备的申请

A. 文种不正确　　　　　　　　　B. 事由不全面

C. 事由不明确，有歧义　　　　　D. 事由语序有错误

31. "对重要问题提出见解和处理办法"应使用____。

A. 报告　　　　　B. 请示　　　　　C. 意见　　　　　D. 通知

32. "向国内外宣布重要事项或者法定事项"适用____。

A. 公告　　　　　B. 通告　　　　　C. 通报　　　　　D. 通知

33. 批转下级公文，应使用____。

A. 函　　　　　　B. 通知　　　　　C. 通报　　　　　D. 意见

34. 任免一般干部，应使用____。

A. 函　　　　　　B. 通知　　　　　C. 通报　　　　　D. 意见

35. 传达重要精神或情况，应使用____。

A. 函　　　　　　B. 通知　　　　　C. 通报　　　　　D. 意见

36. 答复上级机关的询问，应使用____。

A. 报告　　　　　B. 通报　　　　　C. 意见　　　　　D. 请示

37. 撰写"请示"必须____。

A. 一文一事　　　　　　　　　　B. 与报告合用

C. 用于汇报工作情况　　　　　　D. 用于通知事项

38. 法定公文中的"议案"的作者是____。

A. 各级人大代表　　　　　　　　B. 各级人民政府

C. 各级政府工作人员　　　　　　D. 任一公民

39. 传达会议情况，应使用____。

A. 通知　　　　　B. 通报　　　　　C. 会议记录　　　　D. 会议纪要

40. 公文标题中除法规、____名称加书名号外，一般不用标点符号。

A. 规章　　　　　B. 指令　　　　　C. 公告　　　　　D. 决定

41. "为维护公众利益，对某一事项制定的原则性规定"是____。

A. 条例　　　　　B. 办法　　　　　C. 章程　　　　　D. 规则

42. 学术论文的价值在于它具有____。

A. 创造性　　　　B. 理论性　　　　C. 科学性　　　　D. 逻辑性

43. 合同条款中的"标的"指____。

A. 当事人双方权利和义务的共同指向　　B. 合同买卖中的货物

C. 合同中劳务　　　　　　　　　　　D. 合同中的价款和酬金

44. 根据国家标准，学术论文的各部分除了标题、署名、摘要、关键词、前言、正文、注释之外，还有____。
　　A. 主题词　　　　　B. 尾记　　　　　C. 参考文献目录　　　D. 鉴定意见

45. 司法文书的____是指它具有强制性的执行效力。
　　A. 执行效力　　　　B. 法律效力　　　C. 结构的程式性　　　D. 判决书

46. 民事诉讼法规定，当事人不提交____，不影响人民法院对案件的审理。
　　A. 人证物证　　　　B. 答辩状　　　　C. 起诉状　　　　　　D. 上诉状

47. "对来文办理提出初步方案或建议"属于收文工作中的____工作。
　　A. 拟办　　　　　　B. 批办　　　　　C. 承办　　　　　　　D. 催办

48. "机关领导人在发文稿上签名"属于办文工作中的____工作。
　　A. 签发　　　　　　B. 签署　　　　　C. 批办　　　　　　　D. 审核

49. 盖印章时，应做到____。
　　A. 上压正文，下不压成文日期　　　　　B. 既压正文，又压成文日期
　　C. 上不压正文，下压成文日期　　　　　D. 上不压正文，下不压成文日期

50. 按消息的倒金字塔结构，写在消息第一层的是____。
　　A. 标题　　　　　　B. 导语　　　　　C. 主体　　　　　　　D. 结尾

二、多项选择题（每小题 2 分，共 36 分。每小题有四个备选答案，至少有两个是正确的）

1. 分析下面的事例。
某单位领导，事必躬亲，因此不分给副职签发文件，不分给职能部门签发文件。
该事例的错误是____。
　　A. 违反分层签发的原则　　　　　　　B. 违反合理分工签发的原则
　　C. 违反先核后签的原则　　　　　　　D. 违反党政分工的原则

2. 消息报道的是____的事实。
　　A. 有新闻价值的　　B. 最近发生的　　C. 最近发现的　　　　D. 让人感兴趣的

3. 商业广告具有____的特点。
　　A. 功利性　　　　　B. 真实性　　　　C. 创造性　　　　　　D. 盈利性

4. 评析下面的广告。

文化用品销售广告

　　我厂为推销者提供如下文化用品：中小学生作文本、英语练习本、16 开通行作业本、文具盒、各类自来水笔、圆珠笔、台历、蓝墨水、碳素墨水、打字纸、各种日记本等。

　　上述产品，质量优良，装帧美观，价钱合理，颇受国内用户好评。

　　欢迎来人来电来函订货。

　　本厂地址：××省××市××街××号

　　电话号码：×××××××××

　　邮政编码：××××××

　　下面的评析正确的是____。

　　A. 属于说明体广告，平实，无卖弄，有真实感

B. 过于平实，尤其是标题，无任何特色

C. 产品的长处不突出，看不出竞争实力

D. 缺少销售日期

5. 市场调查报告和市场预测报告的区别在于____。

A. 前者重在列举事实，后者重在需有预测结果

B. 两者撰写的格式不同

C. 前者必须到市场实地调查，而后者可以借用他人资料

D. 两者撰写的目的不同

6. 分析下面的合同存在什么问题。

订货合同

本合同订立于 2011 年 6 月 15 日，以××进出口公司为甲方，以××贸易有限公司为乙方。

本合同规定：

甲方为考虑乙方对其所做承诺，特与乙方达成协议，由甲方负责于今年 6 月至 12 月，在××市交付国产钢材 4 000 吨，保证质量并可在工业市场行销，并按下列特定期限，分批交货：8 月 6 日以前，交 2 000 吨；10 月 20 日以前，再交 1 000 吨；至 12 月 31 日前，全数 4 000 吨全部交清。

乙方为考虑甲方迅速履行本合同，与甲方达成协议，对上述钢材支付每吨人民币×××元价格，货到立付。

如订立合同的任何一方未履行协议，根据本合同规定并经双方同意：违约一方应向对方赔款人民币×××元，作为议定之损失补偿。

以昭信守起见，订约双方签名于下：

订约人：××进出口总公司（经理）×××　　　　××贸易公司（经理）×××

公证人：×××　　　　　　　　　　　　　　　×××

该合同存在的问题是____。

A. 标的不明确，如质量、规格

B. 合同款项不全，缺交货地点和交货方式，缺运输费用的条款

C. "保证质量并可在工业市场行销"语义模糊，不能说明质量

D. "甲方为考虑乙方对其所做承诺"语义模糊，不能断定该承诺是否合法

7. 分析下面的论文提纲有哪些问题。____。

现代化生产带来的经济怪圈

一、现代化生产带来剩余劳动力

二、剩余劳动力的生活现状

三、剩余劳动力增多导致市场消费下降

四、消费下降必然导致生产萎缩

A. 该论题不能成立，因为从局部看，即某一生产部门，会由于现代化生产的提高带来剩余劳动力，但从社会整体发展来看，现代化的发展，即科学技术的发展，必然会涌现新技术、新的生产部门，吸收社会劳动力；同时，随着生活水平的提高，人们对社会服务的要求也越高，这样，第三产业将高度发展，吸收更多的劳动力参加

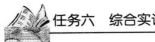
B. 该论题反映了社会某些现状，技术发展必然带来更多的剩余劳动力。我国近年来生产设备先进了，企业富余人员也多了，就是证明。从这个意义上说，该论题能够成立

C. 该论题不能成立，因为"现代化生产带来剩余劳动力"是局部现象，以局部推断全体，是不能成立的

D. 该论题不能成立，因为现代化生产将促进出口，出口多了，必然使国内的生产得到发展，因此要解决这个问题必须设法占领国际市场

8. 述职报告结尾的内容一般包括____。

　　A. 自我批评　　　　B. 努力方面　　　　C. 表示决心　　　　D. 总结工作

9. 阅读下面的调查报告提纲，分析其不妥之处。

××市××区医疗卫生保健点的现状调查

一、前言

1．调查的目的：为进一步规划××区医疗卫生保健点的发展做好基础调研工作。

2．调查的对象及时间、地点。

二、正文

1．医疗卫生保健点的全区布局及存在的问题。

2．全区人口对医疗卫生保健的需求。

3．医疗专职工作人员的现状。

4．今后发展的几点设想。

（1）该文的标题____。

　　A. 没有任何错误，可以不改动

　　B. 应当在"××市"后加"关于"两个字，在后面加文种"报告"

　　C. 有歧义，应明确主持调查单位的单位，即是"市"还是"区"

　　D. 明确制发单位，在发文单位后加"关于"

（2）全文的提纲____。

　　A. 没有任何错误，可以不改动　　　　B. 前言缺少概况介绍

　　C. 正文逻辑顺序有问题　　　　　　　D. 正文中2、3的位置应互换

10. 能够联合行文的机关是____。

　　A. 同级政府　　　　　　　　　　　B. 同级政府各部门

　　C. 上级政府部门与下一级政府　　　D. 上级政府部门与下一级政府部门

11. 公文的主体部分包括____。

　　A. 公文标题　　　　　　　　　　　B. 主送机关

　　C. 公文正文和附件　　　　　　　　D. 成文日期、印章和附注

12. "成文日期"_____为准。

　　A. 一般文件以领导人签发日期　　　B. 会议文件以讨论通过日期

　　C. 联合发文以最后签发的领导人签　D. 电报以发出的日期

13. 公告和通告的区别在于____。

　　A. 作者不同　　　　　　　　　　　B. 知照的范围不同

　　C. 重要程度不同　　　　　　　　　D. 宣告的适用内容不同

14. 填写专用词语。

××局：

你局关于××的请示（×字〔2011〕14号）＿＿①＿＿，经市办公会议研究＿＿②＿＿如下。

    A. ①收到   B. ①已收到   C. ②回答   D. ②批复

15. 填写专用词语。

某起诉状：＿＿①＿＿公司违约致使＿＿②＿＿公司遭受100万元的严重损失……

    A. ①该   B. ①贵   C. ②本   D. ②我们

16. 填写专用词语。

某公司致××公司成立10周年的贺信：多年来，＿＿①＿＿贵公司在经贸活动中的照顾，……望今后进一步加强合作＿＿②＿＿。

    A. ①蒙受   B. ①承蒙   C. ②为盼   D. ②为好

17. 填写专用词语。

某公司致××公司的函：＿＿①＿＿公司2002年3月4日来函索要的KD300—BJK印刷机的修理材料已经寄出，不知收到没有？＿＿②＿＿回函告知。

    A. ①贵   B. ①你们   C. ②烦请   D. ②请务必

三、根据指定要求写作（14分）

为迎接青奥会，爱丽市政公司在该市领导下为该市修建冬花大街路面，修路期间冬花大街东口××至西口××，自××××年×月×日上午9：00时至××××年×月×日夜11：00时禁止各种机动车通行，因影响交通，特向各界告知。自选文种；拟定公文标题；字数不限，文字简洁明了。

参考答案

一、单项选择题（每小题1分，共50分）

  1. B   2. B   3. A   4. C   5. B   6. D   7. D   8. C   9. C   10. B

11. B   12. C   13. A   14. D   15. B   16. C   17. A   18. D   19. B   20. B

21. A   22. A   23. A   24. B   25. B   26. C   27. A   28. C   29. B   30. A

31. C   32. A   33. B   34. B   35. B   36. A   37. B   38. D   39. D·   40. A

41. D   42. A   43. A   44. C   45. B   46. B   47. A   48. A   49. C   50. B

二、多项选择题（每小题2分，共36分）

1. AB   2. ABC   3. ABC   4. BC   5. ACD   6. ABCD

7. AC   8. ABC   9. (1) CD   (2) BCD   10. ABC   11. ABCD

12. ABCD 13. ABCD 14. BD   15. AC   16. BC   17. AD

三、根据指定要求写作（14分）

通 告

为迎接青奥会，冬花大街将全面展开修路工作。为了保证工程进度和质量，经市政府批准，冬花大街东口××至西口××，自××××年×月×日上午9：00时至××××年×月×日夜11：00时，禁止各种机动车通行，请车辆绕行。

特此通告。

××市政公司

××××年×月×日

综合实训四

一、单项选择题（每小题1分，共10分）

1. 确立应用文的主旨就是____。

    A. 谋篇   B. 立意   C. 提炼   D. 创意

2. 向国内外宣布重要事项或法定事项时用____。

    A. 公告   B. 通告   C. 通知   D. 通报

3. 转发与批转公文时用____。

    A. 通报   B. 通知   C. 简报   D. 批复

4. 撰写请示，要求严格遵守____。

    A. 多文多事   B. 多文一事   C. 一文多事   D. 一文一事

5. 开幕词行文要求____。

    A. 富有激情   B. 沉着   C. 控制感情   D. 婉转

6. 表彰先进、批评错误、传达重要精神或者情况时使用的公文是____。

    A. 通告   B. 通报   C. 通知   D. 决定

7. 民事起诉状是民事案件的原告或法定代理人向____部门提起诉讼的书状。

    A. 人民政府   B. 公安局   C. 检察院   D. 人民法院

8. 向不相隶属单位请求答复、批准，使用____。

    A. 请示   B. 意见   C. 函   D. 报告

9. 要使总结具有指导今后工作的实际意义，就必须____。

    A. 突出成绩   B. 写出特色   C. 面面俱到   D. 找出规律

10. 用于记载会议主要精神和议定事项的公文是____。

    A. 决议   B. 会议记录   C. 会议纪要   D. 议案

二、填空题（每空1分，共20分）

1. 我国现存最早的一部历史文献汇编是_____，又称_____，它收录的夏、商、周各代的典、谟、诰、誓、命等，均为春秋以前历代史官收藏的政府重要文件和政治论文，如《盘庚》、《洪范》、《大诰》、《牧誓》等。

2. 应用文体的语言要求准确、简明、平易和_____。

3. 行政公文按照行文关系和行文方向的不同，可分为_____、_____和下行文三种。

4. 行政机关公文的结构一般分为三个部分：眉首部分、主体部分和_____。

5. 公文标题一般由_____、_____和_____构成。

6. 请示常用的结语有_____，_____。

7. 通报分三类，即_____、_____、情况通报。

8. 简报的特点有_____、_____、实、短。

9. 广告文案是广告作品的核心。它主要由_____、_____、_____和_____

组成。

    10. 计划特点是_____、可行性和指导性。

三、简答题（每小题 10 分，共 20 分）

    1. 请谈谈通知与通报的区别。

    2. 毕业论文选题的原则有哪些？

四、下列公文发文字号均不规范，请加以修改（5 分）

    1. 市财字〔2011〕二十七号

    2. 经贸院〔12〕02 号

五、按要求写作（45 分）

    1. 元旦将近，我校邀请苏果公司领导李强总经理于 2011 年 12 月 28 日上午 10 时，在学校行政楼 226 会议室参加校企业合作成果汇报会，请以学校的名义写一份请柬。（10 分）

    2. 在学校开学典礼上请代表学生会向大一新生致欢迎词。（15 分）

    3. 江苏省矿务局将于 2011 年 12 月 26 日召开全省安全生产工作会议，要求各分局的书记亲自参加会议，并要汇报本年度的工作情况，这是此局本年度第 33 号文件。请为江苏省矿务局的办公室秘书代写一篇会议通知，眉首、正文和版记三部分要齐全，材料不足，请自行扩充。（20 分）

参考答案

一、单项选择题（每小题 1 分，共 10 分）

    1. B   2. A   3. B   4. D   5. A   6. B   7. D   8. C   9. D   10. C

二、填空题（每空 1 分，共 20 分）

    1.《尚书》；《书经》   2. 规范   3. 上行文；平行文   4. 版记部分   5. 发文机关名称；事由；文种   6. 妥否，请批示   7. 表彰性通报；批评性通报   8. 快；新   9. 标题；正文；广告语；附文   10. 预见性

三、简答题（每小题 10 分，共 20 分）

    1. 通知与通报的区别如下。

    （1）行文目的不同。通报主要是沟通信息，对下级进行宣传教育，不像通知那样做具体工作部署。

    （2）行文对象不同。通报的对象一般是全体下属，通知往往下达给某一个或某几个单位。

    （3）发挥用途不同。通报可用来奖惩有关单位和个人，通知没有这个作用。

    2. 选题应该遵循以下几条原则。

    （1）选有现实意义的题目（选重点、热点、难点、焦点问题）。

    （2）选较适合自己的题目（选有条件、有能力、有兴趣完成的和有专业优势的题目）。

    （3）选容易出新意的题目（选择从未有人、比较少人涉及，可以深入的研究问题，以及学术上有矛盾、科际间交叉的问题）。

四、下列公文发文字号均不规范，请加以修改（5 分）

    1. 市财字〔2011〕27 号

    2. 经贸院〔2012〕2 号

应用写作实训

五、按要求写作（45分）

1.

请　　柬

苏果公司李强总经理：

　　兹定于 2011 年 12 月 28 日上午 10 时，在学校行政楼 226 会议室举办校企合作成果汇报会。届时敬请光临。

　　此致

敬礼

江苏经贸职业技术学院（印章）
二〇一一年十二月二十日

2.

欢　迎　词

各位新同学：

　　大家好！

　　在你们成为江苏经贸职业技术学院的一名学生，成为我们的新学弟、学妹之际，我谨代表学生会向你们表示热烈的欢迎。

　　为了明天，今天你们选择了"经贸"，这是正确而又明智的选择。我校有着悠久的历史，多年来为国家建设培养了大批商业干部和人才，他们在社会主义建设中发挥了巨大作用，又在改革开放中为我国经济腾飞做出了重要贡献。今天你们来到这所学校应感到无比自豪和光荣，明天学校也会因你们而感到光荣和骄傲。

　　同学们，让我们团结起来，努力奋斗吧！现在从校门走进来是学生，三年后从校门走出去是人才。预祝你们，生活愉快，学业有成。再一次欢迎你们！

学校学生会
二〇一一年九月一日

3.

江苏省矿务局文件

苏矿字〔2011〕33号

江苏省矿务局
关于召开安全生产会议的通知

各区、县矿务分局，各有关部门：

　　兹定于 2011 年 12 月 26 日下午 2 时在省矿务局的四楼会议室召开全省安全生产工作会议。会议主题：今年各单位的安全生产情况总结，明年安全生产工作计划等。请各矿务分局的书记准时参加会议，每人还要准备 15 分钟的发言。请将参会汇报发言的材料打印 50 份，提前交给省矿务局办公室的陈明秘书。

特此通知。

江苏省矿务局（印章）
2011 年 12 月 20 日

抄送：

江苏省矿务局办公室　　　　　　　　　　　2011 年 12 月 20 日印发

综合实训五

一、单项选择题（每小题 1 分，共 10 分）

1. 民事起诉状是民事案件的原告或法定代理人向____部门提起诉讼的书状。
   A. 人民政府　　　B. 公安局　　　C. 检察院　　　D. 人民法院
2. 转发与批转公文时用____。
   A. 通报　　　　　B. 通知　　　　C. 简报　　　　D. 批复
3. 撰写请示，要求____。
   A. 主送一个主管的上级机关　　　　B. 主送上级机关的领导人
   C. 受双重领导的机关主送两个上级机关　D. 主送主管的与有关的上级机关
4. 下列选项哪一个不是毕业论文的主要特点？____
   A. 科学性　　　　B. 时尚性　　　C. 理论性　　　D. 创造性
5. 某年冬季征兵使用的文体是____。
   A. 公告　　　　　B. 报告　　　　G. 通告　　　　D. 通知
6. 消息主体的结构按照事实的重要性由重到轻依次排列的是____。
   A. 逻辑结构　　　　　　　　　　　B. 时间顺序结构
   C. 金字塔式结构　　　　　　　　　D. 倒金字塔结构
7. 从公文处理程序来看，函可分为两种，即发函和____。
   A. 批函　　　　　B. 来函　　　　C. 复函　　　　D. 函件
8. 下列不属于公文标题要素的一项是____。
   A. 发文机关　　　B. 事由　　　　C. 文种　　　　D. 发文字号
9. 向不相隶属的业务主管部门请求批准事项，使用____。
   A. 请示　　　　　B. 报告　　　　C. 通知　　　　D. 函
10. 下列文种必然属于上行文的是____。
    A. 命令　　　　　B. 通知　　　　C. 报告　　　　D. 通报

二、填空题（每空 1 分，共 10 分）

1. _____应是我国第一部以应用文为主体的文章集。
2. 应用文的基本要素是_____、材料、结构、语言。
3. 版记部分包括主题词、抄送机关、印发机关和_____。

应用写作实训

4. 通报有三类，分别是_____、批评性通报和情况通报。

5. 密级可分为秘密、_____和_____三个等级。

6. 消息中所说的五"W"指的是_____、_____、_____、_____、何事。

三、简答题（每小题10分，共20分）

1. 某学校要购置一批计算机，需要申请资金，张校长让办公室的李鸿拟一份请示，他却写了报告。请示与报告有什么不同？

2. 谈谈求职信的写作。

四、下列公文发文字号均不规范，请加以修改（5分）

1. 市府字〔2009〕7 号文

2.（08）市政发第 26 号

五、按要求写作（55分）

1. 2011 年 12 月南京市教育局要召开小升初工作会议，请各区、县教育局局长出席会议。请代市教育局办公室秘书拟写此公文。（10分）

2. 2011 年 10 月国家教育部，对南京大学教务处询问学生期末考试作弊给予开除学籍处分是否妥当进行答复，写了一份公文。请代教育部办公厅的秘书拟写此文。（20分）

3. 2011 年是江宁大学城建成 20 周年，江宁区政府准备于 12 月 28 日，在大学城南门举行庆典活动，特邀请江苏省教育厅厅长沈健出席庆典仪式。请以江宁区区政府名义写一份请柬。（10分）

4. 目前，发现不少学生不爱惜粮食，请以人文系学生会的名义写一份爱惜粮食倡议书。（15分）

参考答案

一、单项选择题（每小题1分，共10分）

1. D　2. B　3. A　4. B　5. A　6. D　7. C　8. D　9. D　10. C

二、填空题（每空1分，共10分）

1.《尚书》　2. 主旨　3. 印发日期　4. 表彰性通报　5. 机密；绝密　6. 何时；何地；何人；何故

三、简答题（每小题10分，共20分）

1. 行文目的不同，行文时间不同，内容结构不同，上级态度不同，主送机关不同。

2. 求职信由主体与附件组成。主体包括标题、称呼、正文、结束语、署名和日期。正文一般包括求职缘由、求职目标、求职条件、求职愿望。结语"此致"另起一行空2格，"敬礼"要另起一行顶格，署名日期在右下角。

四、下列公文发文字号均不规范，请加以修改（5分）

1. 市府字〔2009〕7 号

2. 市政发〔2008〕26 号

五、按要求写作（55分）

1.

南京市教育局关于召开小升初工作会议的通知

各区、县教育局：

  为了做好2012年南京市教育局的小升初工作，拟于2011年12月15日下午2时在市教育局二楼会议室召开各区、县教育局局长会议，请有关人员准时出席。

  特此通知。

南京市教育局（印章）

2011 年 12 月 10 日

2.

教育部关于南京大学咨询学生期末考试作弊的批复

南京大学教务处：

  你校《关于学生期末考试作弊处理的请示》（南大字〔2011〕23号）收悉。经过研究，现答复如下：大学要提倡诚信，应严格考风考纪，贵校在这点上严格要求学生，很好。对大学生在期末考试中，有作弊行为应严肃处理，但是，我部认为可以给予记过处分，不可给予开除学籍处分。如果大学生考试作弊就开除，极易引起学生及家长的不满情绪，甚至会引起更严重的后果。因此，我部不同意给予作弊学生以开除学籍的处分。

  特此批复。

教育部（印章）

2011 年 10 月 14 日

101

3.

请　束

沈健厅长：

  兹定于二〇一一年十二月二十八日，在大学城南门举行江宁大学城建成十周年庆典活动，届时敬请光临。

  此致

敬礼

江宁区政府（印章）

二〇一一年十二月二十二日

4.

倡　议　书

全体同学：（称谓正确）

写明原因

写出倡议条目（要有可行性）

结束语格式要正确

落款正确

综合实训六

一、选择题（待选答案中至少有一个是正确的。每小题 1 分，共 30 分）

1. 人武部招兵，公安局关于市民养狗，自来水公司关于停水所使用的公文是____。
   A. 公告，通知，通告　　　　　　　　B. 公告，通告，通知
   C. 通知，通告，公告

2. 向国内外宣布重要事项或法定事项时用____。
   A. 公告　　　　B. 通告　　　　C. 通知　　　　D. 通报

3. 转发与批转公文时用____。
   A. 通报　　　　B. 通知　　　　C. 简报　　　　D. 批复

4. 撰写请示，要求严格遵守____。
   A. 多文多事　　　　B. 多文一事　　　　C. 一文多事　　　　D. 一文一事

5. 下列文种必然属于上行文的是____。
   A. 命令　　　　B. 通知　　　　C. 通报　　　　D. 报告

6. 表彰先进、批评错误、传达重要精神或者情况时使用的公文是____。
   A. 通告　　　　B. 通报　　　　C. 通知　　　　D. 决定

7. 民事起诉状是民事案件的原告或法定代理人向____部门提起诉讼的书状。
   A. 人民政府　　　　B. 公安局　　　　C. 检察院　　　　D. 人民法院

8. 向不相隶属单位请求答复、批准，使用____。
   A. 请示　　　　B. 意见　　　　C. 函　　　　D. 报告

9. 要使总结具有指导今后工作的实际意义，就必须____。
   A. 突出成绩　　　　B. 写出特色　　　　C. 面面俱到　　　　D. 找出规律

10. 用于记载会议主要精神和议定事项的公文是____。
    A. 决议　　　　B. 会议记录　　　　C. 会议纪要　　　　D. 议案

11. 下列不属于公文标题要素的一项是____。
    A. 机关名称　　　　B. 附注　　　　C. 事由　　　　D. 文种

12. 2000 年国务院颁布的《国家行政机关公文处理办法》中，法定公文的种类有____。
    A. 13 类　　　　B. 27 类　　　　C. 14 类　　　　D. 11 类

13. 按照行文关系和行文方向分类，公文可分为____。
    A. 上行文　　　　B. 下行文　　　　C. 平行文　　　　D. 垂直文

14. 公文体式的要素构成有____。
    A. 眉首部分　　　　B. 主体部分　　　　C. 版记部分　　　　D. 中间部分

15. 公文的发文字号的构成要素有____。
    A. 机关代字　　　　B. 年份　　　　C. 文件序号　　　　D. 份号

16. 公文要素"签发人"一般在____使用。
    A. 下行文　　　　B. 上行文　　　　C. 平行文

17. 公文的秘密等级可分为____。
    A. 绝密　　　　B. 机密　　　　C. 秘密　　　　D. 保密

18. 公文标题构成的三个基本要素是____。
　　A. 发文机关名称　　　B. 发文事由　　　　C. 公文种类　　　　D. 主送机关

19. 标注主题词的原则是____。
　　A. 含义由小到大　　　　　　　　　B. 含义由大到小
　　C. 由内容到形式　　　　　　　　　D. 由形式到内容

20. 文件的成文日期，指____。
　　A. 文件印制的日期　　　　　　　　B. 文件的拟稿日期
　　C. 文件定稿日期　　　　　　　　　D. 领导人签署的日期

21. 下列公文发文字号书写正确的是____。
　　A. 国办字〔1988〕010 号　　　　　B. 国办字〔88〕10 号
　　C. 国办发〔1988〕10 号　　　　　　D. 国办发〔88〕10 号

22. 在公文行文部分的公文标题中，____是绝对不能够省略的。
　　A. 发文机关名称　　　　　　　　　B. 公文主题，即事由
　　C. 文种　　　　　　　　　　　　　D. 收文机关名称

23. 主送机关可以不用书写的公文有____。
　　A. 请示、报告的上行公文　　　　　B. 上级领导发给下级的下行公文
　　C. 直接向社会公众发布的公文，如通告、公告等
　　D. 所有公文必须书写公文的主送机关

24. 向不相隶属机关发文，属于____。
　　A. 上行文　　　　B. 平行文　　　　C. 下行文　　　　D. 上行文或平行文

25. 抄送机关指____。
　　A. 收文机关　　　　　　　　　　　B. 办理或答复收文的机关
　　C. 需要了解收文内容的机关　　　　D. 必须送达的机关

26. 引用公文应当____。
　　A. 先引发文字号，后引文件标题　　B. 先引文件标题，后引发文字号
　　C. 仅引文件标题　　　　　　　　　D. 仅引发文字号

27. 公文的成文时间，正确的写法是____。
　　A. 1993 年 5 月 16 日　　　　　　B. 一九九三年五月十六日
　　C. 1993.5.16　　　　　　　　　　D. 九三年五月十六日

28. 上报公文签发人的姓名应写在____。
　　A. 发文稿"签发"栏右侧　　　　　B. 公文落款处
　　C. 发文字号同一行右侧

29. 盖印章时，应做到____。
　　A. 上压正文，下不压成文日期　　　B. 既压正文，又压成文日期
　　C. 上不压正文，下压成文日期　　　D. 上不压正文，下不压成文日期

30. 发文字号中的"序号"____。
　　A. 能编虚位，但不能加"第"字　　B. 不能编虚位，不能加"第"字
　　C. 不能编虚位，可以加"第"字　　D. 能编虚位，也能加"第"字

二、下列公文发文字号均不规范，请加以修改（5 分）

1. 浙经院〔2012〕02 号

2. 财农字〔09〕第 11 号

三、根据以下内容提示，拟写公文标题（5）

标题：　　　　　　　　　　　　　（请示）

××经管会：

根据计量管理及统计的要求，热量的法定计量单位为"焦"，为了使用上的规范并且使之能够真正反映热量值，建议计价时采用"百万千焦"作为蒸汽计价单位。

妥否，请批示。

××公司

××××年×月×日

四、按照新闻标题的一般写法，为下面一篇经济新闻补写标题（10 分）

南方的大米要调往东北，北方的玉米要运到南方，自然造成粮食销售成本的增加，甚至浪费。近年来，这一格局正在悄然发生变化。据不完全统计，东北地区近年水稻种植面积已达 1 800 万亩，水稻产量占粮食产量的比重上升了 10 多个百分点；与此同时，南方种植玉米也日益普遍，稻谷产量第一大省的湖南省今年玉米种植面积将发展到 600 万亩，可基本解决所需。

昔日长江流域及其以南地区为我国水稻主产区，以北地区为玉米主产区，伴随近年来农业生产结构调整步伐的加快，北方对南方稻谷的调入量急剧下降，加之水稻产区广泛推广杂交水稻，大幅度提高了单产，稻谷产量大增，形成了供过于求的局面。

长江流域的气候、土壤都适宜玉米的生长，且由于气温比北方高，加上地膜玉米栽培等新技术的应用，使南方玉米产量不断提高，平均单产已达 400 公斤左右，略高于早稻。据悉，有关专家已在研究发展南方玉米生产的诸多配套工作。

五、根据下列标题与提纲，写摘要（15 分）与关键词（5 分）（共 20 分）

秘书口语表达的要求与技巧

写作提纲

绪论：

秘书工作一大半是在说话，丰富而准确的口语表达能力无疑是确保其职业表现出类拔萃的必要条件，所以秘书必须善于说话，掌握口语表达的要求和技巧，从而达到预期的沟通效果。

本论：

一、秘书要把握口语表达的要求

（一）善于说话，事半功倍

（二）自然朴实，热情诚恳

（三）知己知彼，百战百胜

（四）机智善变，敏捷应对

（五）动之以情，引人共鸣

（六）动听入耳，委婉说服

二、秘书要掌握口语表达的技巧

（一）与上司的交谈技巧

1. 注意避讳
2. 巧点错误

（二）与同事的谈话技巧

1. 尊重对方，谦虚诚恳
2. 发现优点，多加赞美
3. 出现失言，及时弥补

（三）与客户的说话技巧

1. 充满热情
2. 避免冷场
3. 适可而止

结论：

总之，作为一名合格的秘书，把握正确的口语表达要求能使自己的存在显得举足轻重，使自己的作用能够点石成金。秘书要想在工作中开拓自己的空间，赢得他人的认同，还要掌握口语表达的技巧，这是一个出色的职业秘书的终身课程。

六、写作题（30 分）

1. 春节将近，我校邀请离退休人员刘华老师于 2011 年 12 月 26 日上午 10 时，在学校大活中心举行迎新联欢会，请以学校名义写一份请柬。（10 分）

2. 李煜教授一人在江苏经贸职业技术学院工作，家庭成员都在苏州，由于家有年迈母亲，且妻子多病，故请求调到苏州经贸职业技术学院工作。请以江苏经贸职业技术学院人事处的名义，给苏州经贸职业技术学院人事处写一份商调函。（20 分）

参考答案

一、选择题（待选答案中至少有一个是正确的。每小题 1 分，共 30 分）

1. B　2. A　3. B　4. D　5. D　6. B　7. C　8. C　9. D　10. C
11. B　12. A　13. ABC　14. ABC　15. ABC　16. B　17. ABC　18. ABC　19. C　20. D
21. C　22. C　23. C　24. B　25. C　26. B　27. B　28. C　29. C　30. B

二、下列公文发文字号均不规范，请加以修改（5 分）

1. 浙经院〔2012〕2 号
2. 财农字〔2009〕11 号

三、根据以下内容提示，拟写公文标题（5 分）

标题：　　××公司关于采用"百万千焦"作为蒸汽计价单位的请示

四、按照新闻标题的一般写法，为下面一篇经济新闻补写标题（10 分）

北方扩种水稻　南方增产玉米
我国种植格局发生变化

五、根据下列标题与提纲，写摘要（15 分）与关键词（5 分）。（共 20 分）

摘要：口语表达是秘书的基本功，秘书要把握口语表达的要求，培养能力，善于说话，做到自然朴实、热情诚恳、知己知彼、机智敏捷、动情委婉。秘书还要掌握口语表达的技巧，与上司交谈注意避讳、巧点错误；与同事谈话应谦虚尊重，发现优点，多加赞美，出现失言，及时弥补；与客户说话应充满热情，避免冷场，适可而止。秘书只有掌握口语表达的要求与技巧，才能达到预期的沟通效果，建立良好的人际关系，使工作顺利进行。

关键词：秘书　口语　要求　技巧

六、写作题（30分）

1.

请　柬

刘华老师：

为了进一步增强凝聚力，兹定于2011年12月26日上午10时，在学校大活中心举行退休人员的迎新联欢会，届时敬请光临。

此致

敬礼

江苏经贸职业技术学院（印章）

二〇一一年十二月二十日

2.

江苏经贸职业技术学院人事处
关于商洽李煜同志调动工作事宜的函

苏州经贸职业技术学院人事处：

李煜教授一人在我院工商管理系工作，因为家庭成员都在苏州，而且家有年迈母亲，妻子多病，生活多有不便，所以该老师恳求调到苏州经贸职业技术学院工作，以解决家庭困难。我院经研究，拟同意该同志调动，现致函商洽。

妥否，请函复。

江苏经贸职业技术学院人事处

××××年×月×日

任务七

模拟测试

试卷一

一、填空题（每空 1 分，共 10 分）

1. 公文是在公务活动中形成的具有_____和_____的文书，是依法行政的重要手段。

2. 适用于公布社会有关方面在一定范围内应当遵守或者周知的事项的公文是_____。

3. 下行文指具有隶属关系的_____机关发给_____机关的公文。

4. 请为"黄河六味地黄丸"写两种说明书的标题：_____或_____。

5. 通知适用于_____的公文，转发上级机关和_____的公文，发布规章，传达要求下级机关办理和有关单位需要_____或者共同执行的事项，以及任免人员。

二、单项选择题（每小题 1 分，共 5 分）

1. 向同级业务主管部门请求批准时，应使用的文种是（　　　）。

　　A. 请示　　　　　　　B. 报告　　　　　　　C. 议案　　　　　　　D. 公函

2. 文件的成文时间，指____。

　　A. 文件印制的日期　　　　　　　　B. 文件的拟稿日期

　　C. 文件发出日期　　　　　　　　　D. 领导人签发的日期

3. 下列各项中不属于简报报头的是____。

　　A. 期数　　　　　　　B. 标题　　　　　　　C. 编号　　　　　　　D. 密级

4. 受双重领导的机关向上级机关行文，应当____。

　　A. 写明主送机关和抄送机关　　　　B. 主送一个上级机关

　　C. 报送两个上级机关　　　　　　　D. 主送并抄送两个上级机关

5. 联合行文的机关应该是____。

　　A. 两个以上的机关　　　　　　　　B. 两个以上的同级机关

　　C. 上下级机关　　　　　　　　　　D. 不相隶属的两个机关

三、分析下列事例有无错误，并简要说明原因（20 分）

1. 钱××到××学校实习，校办主任请他看下面一份请示，问他是否写错了，为什么。如果你是钱××，应该如何回答？（10 分）

请　示

××教育局局长：

在改革大潮面前，在以经济为中心的形势面前，我们不甘落后，我们要做时代的弄潮儿，所以我们决定筹建印刷厂。

我们有技术力量，不是吗？我们有三名老师家属是印刷厂退休工人，这还不够吗？我们有36个班，将近 2 000 名学生，而且还有周围四五所兄弟学校愿做我们未来的"上帝"，这不是产品的好销路吗？

我们学校去年建立了一所教学楼，学生空出平房喜迁高楼，这不是工厂场地吗？如果上级不答复我们的请求，那么学校的经费紧张，教委就不得不多拨给一些经费；我们的教师子弟没活干，由此造成的教师队伍不稳定，我们也不负责任。

×××中学
二〇一×年一月十九日

2．×市×区区属图书馆为办好图书事业，满足该区群众读书的要求，特向区政府请示增加经费。实习生吴××将该请示抄送该区人事局、劳动局、物价局、财政局。（5 分）

3．×市纪检委员会实习生将 2011 年纪检情况通报于市各直属机关和各局。（5 分）

四、给下面标题填写文种（6 分）

1．××部关于几起重大火灾的（　　　）。

2．国务院办公厅关于发布《行政机关公文处理办法》的（　　　）。

3．××大学关于报送××省教育厅 2011 年招生工作情况的（　　　）。

五、根据以下内容提示，拟写公文标题（9 分）

1．××大学就××系学生×××擅离学校，违反学校纪律，给予警告处分一事发出文件，使全校师生周知。（3 分）

2．某省人民政府发文要求所属单位认真贯彻执行国务院关于调整纺织品价格的规定，以便保持市场的稳定。（3 分）

3．某县工业局为请求购置防暑设备的经费，特向该县财政局制发文件。（3 分）

六、根据下列标题与提纲，写摘要（15 分）与关键词（5 分）（共 20 分）

论商务秘书的特点与角色定位
写作提纲

绪论：

商务秘书是指在现代企业中，在领导身边工作，直接为领导者服务，协助领导实施商务决策和商务管理活动、处理日常事务的秘书人员。这类企业秘书的职责和工作方式等，既不同于党政机关和社团组织，也有别于传统的国有企业。

本论：

一、商务秘书的特点

（一）具有商务性

（二）具有融合性

（三）具有从属性

（四）具有繁杂性

（五）具有辛苦性

（六）具有机要性

二、商务秘书的角色定位

（一）商务秘书是领导的左右手

（二）商务秘书是枢纽和桥梁

（三）商务秘书是企业的信息库

（四）商务秘书是一个配角

（五）商务秘书是上司的影子

（六）商务秘书是通向成功的阶梯

结论：

商务秘书作为秘书的一种，随着我国改革开放的不断深入，比例将不断加大。了解商务秘书的特点与角色定位对企业的发展有重要意义。

七、写作题（30分）

1. 为自己写一封求职信。（15分）

2. 根据下面这份函的内容，起草一份答复此函的复函。（15分）

写作要求： 内容要明确，中心要突出，格式要正确，写法要规范（要制作眉首与版记）；语言要准确、简明、得体，书写要清楚。

××地区统计局关于商请代培统计人员的函

××字〔2011〕6号

××市统计局：

得悉你市将于近期举办统计工作人员学习班，系统培训统计人员。我地区拟派十名统计人员（地区两名，每县一名）随班学习，请你市代培。如蒙同意，将是对我地区统计工作的有力支持。代培所需费用由我地区如数拨付。可否，即请函复。

××省××地区统计局

2011年2月1日

受函单位接到上述来函后，经局办公会议研究，同意代培，并有下述事项需告知对方，住宿问题无法解决，代培人员可单独编组，指定一名组长；代培费用按实际参加人数均摊，于学习班结束时结算；拟于三月中旬开学，具体开学日期和报到地点待定。

参考答案

一、填空题（每空1分，共10分）

1. 特定效力；规范体式　2. 通告　3. 上级；下级　4. 黄河六味地黄丸；说明书　5. 批转下级机关；不相隶属机关；周知

二、单项选择题（每小题1分，共5分）

1. D　2. D　3. B　4. A　5. B

三、分析下列事例有无错误，并简要说明原因（20分）

1. **分析：** 存在以下不正确或不规范之处。

（1）标题不规范，请示的标题必须三要素齐全。

（2）主送机关不正确，根据行文规则"不送个人"，主送教育局局长，错误。

（3）请示正文写作不规范，请示正文包括缘由、事项、结语三部分。

（4）请示语言生硬，应委婉。

（5）请示还应该把联系人、联系电话放在附注的位置。

2. **分析**：错误。

抄送单位应当是与该请示事项有关的单位。"人事局、劳动局、物价局"与区图书馆申请经费无关，不应将该请示抄送给他们。

3. **分析**：正确。该通报属于情况通报，为知照类文件，可以有多个主送机关。

四、给下面标题填写文种（6分）

1. 通报　2. 通知　3. 报告

五、根据以下内容提示，拟写公文标题（9分）

1. ××大学关于予以××系学生×××警告处分的通报

2. ××省人民政府关于认真贯彻执行国务院调整纺织品价格的规定的通知

3. ××县工业局关于申请购置防暑设备经费的函

六、根据下列标题与提纲，写摘要（15分）与关键词（5分）（共20分）

摘要：商务秘书是指在现代企业中，在领导身边工作，直接为领导者服务，协助领导实施商务决策和商务管理活动、处理日常事务的秘书人员。商务秘书具有商务性、融合性、从属性、繁杂性、辛苦性、机要性等特点。商务秘书是领导的左右手、配角、影子，是枢纽和桥梁，是企业的信息库，是通向成功的阶梯。商务秘书随着我国改革开放的不断深入，比例将不断加大。了解商务秘书的特点与角色定位对企业的发展有重要意义。

关键词：商务秘书　特点　角色定位

七、写作题（30分）

1.

求　职　信

尊敬的曾先生：

您好！

从网上获知贵公司的招聘信息，我不敢说自己才高八斗，但相信具备的知识与能力可以胜任贵公司总经理助理或销售助理的职位。万分感谢您在百忙之中浏览我的求职信！

我是××职业技术学院2008届计算机专业的毕业生，对贵公司所提供的职位很感兴趣。大学三年我完成本专业的所有课程，选修了企业管理、人力资源管理、市场营销等课程，都取得了优异成绩（见附件成绩单），同时还获得秘书四级资格（考证内容包括档案管理）、英语四级、小车驾照等证书。这使我具备了很强的计算机实际操作能力和局域网络的设计维护能力。此外，我担任过班长，有一定的组织管理能力和团队协作精神。最重要的是，大学让我掌握了学习方法，使我容易接受新知识、新事物，上手很快。

学习之余我还利用寒暑假参加了一定的社会工作，做过促销员、网管员、秘书等，去电视台实习还发表过两篇文章。在这些顶岗实习实践过程中，我悟出真诚为人、踏实处世的道理，沟通协调能力有了较大的提高，获益匪浅。工作中的细心、热情、敬业、大度及责任感等都得到了用人单位的好评（见附件鉴定表）。

我深知贵公司总经理助理的职位要求本科学历，若没有一定的实力，岂敢应聘？给我一次机会，我会用业绩证明自己。如果您认为我更适合营销总监的职位，我也愿意服从安排。盼望贵公司能给我提供施展才能的一方宝地，我的努力也一定能让贵公司的事业更上一层楼。

此致

敬礼

　　通信地址：×××××××××××××

　　邮编：××××××；手机：×××××××××××

求职人：余××

二〇一一年八月九日

附件：1. 个人简历、学历证书复印件

　　　2. 秘书四级资格、英语四级与驾驶证、成绩单、用人单位鉴定表复印件

2.

××地区统计局文件

××字〔2011〕6号

关于同意代培统计人员的复函

××省××地区统计局：

你局《××地区统计局关于商请代培统计人员的函》（××字〔2011〕6号）收悉。我局经办公会议研究，同意为你局代培统计人员。现将有关情况函告知你局。

1. 开学时间拟定于三月中旬，具体开学日期和报到地点另定。

2. 代培人员可单独编一个组，指定一名组长负责。

3. 代培费用按实际参加人数均摊，于学习班结束时结算。

4. 代培人员的住宿问题无法解决，请自行安排。

特此函复。

××市统计局

2011 年 2 月 ×日

抄送：

××市统计局办公室　　　　　　　　　　　　　　　　2011 年 2 月 ×日印发

试卷二

一、单项选择题（每小题1分，共10分）

1. 以下对报告与请示表述不准确的是（　　　）。
   A. 请示有对应的文种，报告则无
   B. 行文方向不同：报告是下行文，请示是上行文
   C. 请示只能事前，而报告事前、事中、事后均可
   D. 请示只能有一个主送单位，而报告可以有多个主送单位

2. 公文的抄送机关是指（　　　）。
   A. 担负领导责任的上级机关　　　　　　　B. 对公文有办理和答复责任的机关
   C. 对公文有主要监督责任的机关
   D. 除主送机关外需知晓公文内容的其他机关

3. 上级机关就某校开学收费事项进行询问，该校答复时应使用（　　　）。
   A. 请示　　　　　　B. 函　　　　　　C. 报告　　　　　　D. 通知

4. 下列选项不属于发文字号内容的是（　　　）。
   A. 机关代字　　　B. 文件名称　　　C. 年份　　　D. 序号

5. 下列请示的标题最不恰当的是（　　　）。
   A. ××高校关于申请调整学生住宿标准的请示
   B. ××市关于加强历史文化名城保护与管理的请示
   C. ××高校关于调整学生住宿标准的请示　　　　　　　　D. 请示

6. 下列不属于文头部分的是（　　　）。
   A. 发文字号　　　B. 签发人　　　C. 公文标题　　　D. 紧急程度

7. 公文的成文时间制定的标准是（　　　）。
   A. 拟稿时间　　　B. 核稿时间　　　C. 签发时间　　　D. 印刷时间

8. 不属于公文附注部分的是（　　　）。
   A. 此件发至县团级　　　　　　　　B. 此件可在党内传达
   C. 此件可登党刊　　　　　　D. 机密

9. 现行国家行政公文的文种有（　　　）。
   A. 13种　　　B. 14种　　　C. 18种　　　D. 27种

10. 中国人民银行下发中国工商银行的决定，需要＿＿＿给中国工商银行的另一主管部门财政部。
    A. 主送　　　B. 抄送　　　C. 抄报　　　D. 普发

二、名词解释（每小题3分，共9分）

1. ××区法院办公室主任问实习生姜××：何为起诉状？
2. ××公司总经理请刚应聘来的大学毕业生解释：什么是合同？
3. 什么是公文？

三、简答题（每小题5分，共15分）

1. ××区办公室主任请实习生江××谈谈请示与报告的异同。

2. 公文标题常用的形式有哪些？

3. 总结和述职报告有哪些区别？

四、论述题（每小题 5 分，共 10 分）

1. ××工厂行文《××工厂关于购买冷冻机的请示》。该文稿文尾写道："拟购买冷冻机一台，所需经费 15 万元由厂福利基金中开支。"该文稿主送"××县委、县政府，县财政局领导、县工业局领导"。请从有关行文规则的角度分析其错误及原因。

2. 会议纪要是会后使用的公文，有人说，对会议纪要的内容可适当加工，添加作者评论；也有人说，会议纪要必须以发言人为单位记载；也有人认为，其内容仅作为参考，作用不明显，无须过于关注。请谈谈你的看法。

五、要素操作题（第 1 题 7 分，第 2 题 3 分，第 3 题 6 分，共 16 分）

1. ××省教育厅收到××大学××字〔2011〕×号《关于成立公务员素质教育中心的请示》，拟做批复。请写出：该批复的标题；该文稿最标准的批复根据；该文稿的惯用语。

2. 图示起诉状的尾部。

3. 2011 年 11 月 8 日，红星机械厂制造车间由于误送电，造成正在检修的泵突然启动，险些酿成现场检修人员的伤亡事故。红星机械厂拟将该情况通报各车间、队、科室。

该文稿的标题是什么？

写出该文稿可能提出的希望和要求（60 字左右）。

六、写作题（第 1 题 10 分，第 2 题 30 分，共 40 分）

1. 卫星集团公司于 2011 年 11 月 5 日召开公司负责人会议，主要是为了加强公司的财务管理，对公司的财政状况进行汇报。假设你是该公司办公室实习生，请根据上述内容拟写一份通知，要求格式正确，表达具体明确，所缺内容请自行补足。

2. 五华市税务局司机王心高在 2011 年"五一"假日期间，违反单位用车规定，擅自驾驶公车与家人出游，在京津高速公路因超速行驶，发生与前车追尾的责任事故，致使两人重伤。为了教育全体驾驶员，税务局决定将该事故通报全局，并开除该驾驶员。假设你在该局担任兼职秘书，请拟写一份文件，要求严格按照行政公文格式要素写作，措辞准确，所缺内容请自行补足。

参考答案

一、单项选择题（每小题 1 分，共 10 分）

1. B　2. D　3. C　4. B　5. D　6. C　7. C　8. D　9. A　10. B

二、名词解释（每小题 3 分，共 9 分）

1. 起诉状是权益受到侵害或与他人发生争议时，为维护合法权益依法向人民法院反映诉讼请求、事实、理由等，引起诉讼程序发生的文书。

2. 合同也称契约，是指平等主体的自然人、法人、其他组织之间为实现一定的目的，而建立、变更或终止民事权利义务关系的协议。

3. 公文是在公务活动中使用的具有法定效用和规范体式的文书，是依法行政的重要工具。

三、简答题（每小题 5 分，共 15 分）

1. 答：请示与报告都是上行文，这是它们的共同点。它们的区别也是明显的。

（1）行文目的不同。请示的目的是请求指示或批准，具有请求的性质，报告的目的是汇报工作，反映情况，答复上级的询问，具有陈述的性质。

（2）行文时间不同。请示必须事前行文，报告则事前、事中、事后都可以行文。

（3）内容结构不同。请示必须一文一事，报告则不一定，可以一文多事，内容较丰富。

（4）上级态度不同。请示需要上级的批复，报告不要求批复。

（5）主送机关不同。请示只能主送一个上级机关，报告可以主送多个机关。

2. 答：公文标题常用的形式如下。

（1）完整式标题。

（2）准齐式标题。

（3）文种式标题。

（4）转文式标题。

3. 答：总结和述职报告有如下区别。

（1）内容侧重点不同。总结是回顾过去，总结经验，吸取教训；述职报告着眼于汇报个人是否胜任某职，履行职责的能力如何。

（2）引起的效果不同。总结是自我认识和认识事物的手段，主要是总结经验，发现问题；述职报告是让上级主管领导和有关评审组织对述职人任职实绩和能力的考核依据之一，对个人和职务构成直接影响。

四、论述题（每小题5分，共10分）

1. 根据行文规则，该请示存在的错误如下。

（1）向上级机关行文，应主送一个上级机关单位。只能一头请示，不能多头请示。

（2）党政机关不能交叉上行请示。

（3）不能越级上行文。

（4）不送个人。

综上所述，该文稿的主送机关只有"××县工业局"。如果"购买冷冻机的经费15万元由厂福利基金中开支"工厂有支配权的话，根据"凡属本机关职权范围内可以解决或与其他部门协商解决的事项，不要请示上级机关"的原则，此请示可以不写。

2. 会议纪要是在会议记录、会议文件及会议其他材料基础上整理出来的公文，它要求记载和传达会议的主要精神，所以，要准确无误，真实地反映会议宗旨和精神，不可以适当加工或添加作者的评论。

会议纪要主要宣传报道会议精神，贯彻执行会议决定，带有公报决定的性质，是根据会议记录整理而成的，不能以发言人为单位记载。

会议纪要向上汇报会议情况，需要得到领导的指导；向下传达会议精神，以便贯彻执行。其作用是重要的，尤其是一些重要的党或政府的大会，关系到人民群众的切身利益，关系到国家的政策法规的制定，更应引起关注。

五、要素操作题（第1题7分，第2题3分，第3题6分，共16分）

1. 该批复的标题：××省教育厅关于成立公务员素质教育中心的批复。

该文稿最标准的批复根据：贵校《关于成立公务员素质教育中心的请示》（××字〔2011〕×号）收悉。

该文稿的惯用语："此复"、"特此批复"。

2.

此致

××人民法院

　　附：本状副本×份

起诉人：×××

×××年×月×日

3. 该文稿的标题：红星机械厂关于制造车间误送电问题的通报。

该文稿可能提出的希望和要求（60字左右）：

该事件充分说明制度和责任心仍然是当前制约安全稳定的大问题，各车间、各队、各科室应该以此为教训，认真修订、落实送电等制度，加强教育，进一步明确岗位职责，树立高度的责任心，严防类似事件发生。

六、写作题（第1题15分，第2题25分，共40分）

1.

卫星集团公司关于召开负责人会议的通知

　　为了加强公司的财务管理，了解财务工作情况，公司决定于2011年11月5日上午8：00在集团公司会议室召开集团公司负责人会议，请公司分管财务工作的负责人对本公司的财政状况进行汇报，以便决策。

　　特此通知。

卫星集团公司

2011年11月1日

2.

五华市税务局关于司机王心高追尾事故的通报

各科室、各部门：

　　我局原司机王心高同志在2011年"五一"假日期间，违反单位用车规定，擅自驾驶公车与家人出游，在京津高速公路因超速行驶，发生与前车追尾的责任事故，致使两人重伤。

　　这次事故应由原司机王心高同志承担全部责任。事发后，局领导对王心高同志进行了严肃的批评教育。为了教育全体驾驶员，局领导经集体研究，决定给予王心高同志开除公职的处分，并由司法机关依法追究其经济赔偿责任。

　　这次事故的发生，也暴露了我们在管理教育工作方面存在薄弱环节。局领导要求全局驾驶员认真学习有关的文件规定，遵守出车用车制度。我们希望全体驾驶员从这次事故中认真吸取教训，坚决杜绝此类事故的发生。

五华市税务局

2011年5月6日

试卷三

一、单项选择题（每小题1分，共10分）

1. 根据具体职能，公文可分为（　　）。
　　A. 上行文、下行文、平行文　　　　　　B. 通用公文、专用公文
　　C. 法规性公文、指挥性公文、知照性公文、报请性公文、联系性公文、实录性公文
　　D. 收文、发文

2. 公文应装订在（　　）。
　　A. 左侧　　　　　　B. 右侧　　　　　　C. 上面白边区　　　　　　D. 下面白边区

3. 联合行文标注发文机关时，标在前面的机关是（　　）。
　　A. 上级的　　　　　　　　　　　　　　B. 组织序列表中靠前的
　　C. 主办的　　　　　　　　　　　　　　D. 其他系统的

4. 根据内容涉及国家秘密的程度，含有重要的国家秘密，泄露会使国家的安全和利益遭受严重损害的文件属于（　　）。
　　A. 内部使用文件　　B. 秘密文件　　　　C. 机密文件　　　　　　D. 绝密文件

5. 向级别与本机关相同的有关主管部门请求批准某事项应使用（　　）。
　　A. 请示　　　　　　B. 报告　　　　　　C. 通报　　　　　　　　D. 函

6. 国务院各部委承受北京市人民政府主送的公文属于（　　）。
　　A. 上行文件　　　　B. 下行文件　　　　C. 平行文件　　　　　　D. 领导指令性文件

7. 应用文以说明为主要表达方式的是（　　）。
　　A. 请示　　　　　　B. 公告　　　　　　C. 通报　　　　　　　　D. 讲话稿

8. 经济合同文种名称正确的是（　　）。
　　A. 经济合同　　　　B. 居间合同　　　　C. 购买意向书　　　　　D. 购销协议

9. 人民政府令使用的文号一般是（　　）。
　　A. 机关代字、年份、序号　　　　　　　B. 期号
　　C. 流水号　　　　　　　　　　　　　　D. 函号

10. 不能联合行文的单位是（　　）。
　　A. 上级政府部门与下级政府　　　　　　B. 政府与同级党委
　　C. 上级政府部门与下级政府部门　　　　D. 政府部门与同级党委部门

二、名词解释（每小题3分，共9分）

1. 答辩状
2. 发文字号
3. 广告文案

三、简答题（9分）

广告策划公司丁总请前来应聘的毕业生唐××谈谈广告与广告标题语的区别。

四、判断正误，简要说明原因并按照规范格式重写（20分）

请　　示

××省委书记、省人民政府：

我厅拟于2011年八月十六日派组（厅长陈××等6人）前往美国纽约市考察职业教育有关问题，时间16天，所需外汇由我厅自行解决。各项费用预算，列有详表。

妥否，请批示。

××省教育厅（印章）
二〇一一年7月11日

五、要素操作题（第1题3分，第2题10分，第3题7分，共20分）

1. 湖南省政府收到林业厅《关于保护省内原始林区的紧急报告》后，认为事关重大，需要马上发送到全省各地，于是以省政府的名义发了一份通知。请为该文件拟定标题。

2. 图示简报的格式。

3. ××省人事厅收到××学院×字〔2011〕12号《关于职称评审问题的函》，拟做答复。请写出：该文稿标准的标题；该文稿的行文依据；该文稿的惯用语。

六、写作题（第1题12分，第2题10分，第3题10分，共32分）

1. 经国务院批准，每年7月11日为"航海日"，同时也作为"世界海事日"在我国的实施日期。7月11日当天日出至日落，中国籍民用船舶、中国航运企业拥有或经营的非中国籍船舶挂满旗。我国航运、港口、船舶代理、海事、救助、水运工程等涉海管理机关、企事业单位、科研院校，可参照船舶挂满旗的方式悬挂旗帜。除在限制鸣笛特殊水域或在港作业的船舶外，中国籍民用船舶、中国航运企业拥有或经营的非中国籍船舶实施统一鸣笛，具体时间为：7月11日上午9时整始，持续时间为1分钟。请你于2006年6月15日以中华人民共和国交通部的名义为其写份公文。

2. 按照新闻标题的一般写法，为下面这篇经济新闻补写标题。

11月份，居民消费价格总水平同比上涨6.9%。其中，城市上涨6.6%，农村上涨7.6%；食品价格上涨18.2%，非食品价格上涨1.4%；消费品价格上涨8.4%，服务项目价格上涨2.3%。

从月环比看，居民消费价格总水平比上月上涨0.7%。

从八大类别看，11月份，食品类价格同比上涨18.2%。其中，粮食价格上涨6.6%，油脂价格上涨35.0%，肉禽及其制品价格上涨38.8%，猪肉上涨56.0%，鲜蛋价格上涨10.0%，水产品价格上涨6.8%，鲜菜价格上涨28.6%，鲜果价格上涨12.9%，调味品价格上涨4.0%。

烟酒及用品类价格同比上涨1.8%。其中，烟草价格上涨0.6%，酒类价格上涨4.1%。

衣着类价格同比下降1.4%。其中，服装价格下降1.4%。

家庭设备用品及维修服务价格同比上涨1.9%。其中，耐用消费品价格上涨0.9%，家庭服务及加工维修服务价格上涨9.1%。

医疗保健及个人用品类价格同比上涨3.1%。其中，西药价格上涨0.1%，中药材及中成药价格上涨11.6%，医疗保健服务价格上涨1.9%。

交通和通信类价格同比下降1.4%。其中，交通工具价格下降2.6%，车用燃料及零配件价格上涨 5.5%，车辆使用及维修价格上涨 1.9%，城市间交通费价格上涨 2.9%，市区交通费价格下降 0.3%；通信工具价格下降 18.8%。

娱乐教育文化用品及服务类价格同比下降 0.5%。其中，学杂托幼费价格上涨 0.6%，教材及参考书价格下降 1.3%，文娱费价格上涨 2.5%，旅游价格上涨 3.3%，文娱用品价格下降 0.7%。

居住类价格同比上涨 6.0%。其中，水、电及燃料价格上涨 5.6%，建房及装修材料价格上涨 5.2%，租房价格上涨 4.5%。

3. 演讲的主题是"勤俭节约，艰苦创业"，请为其写个演讲稿的开头。

参考答案

一、单项选择题（每小题 1 分，共 10 分）

1. C　2. A　3. C　4. C　5. D　6. C　7. B　8. B　9. C　10. C

二、名词解释（每小题 3 分，共 9 分）

1. 答辩状是指被告或被上诉人针对原告或上诉人的诉讼内容进行答复和辩解的诉讼法律文书。

2. 发文字号又称发文号、文号、文件字号，是发文机关同一年度发文排列的顺序号，由发文机关代字、年份、序号三部分组成。

3. 广告文案是指广告中的语言部分，广告效果中 50% ～ 70% 的部分来自于广告文案。

三、简答题（9 分）

广告语又称广告口号或广告标语，指表达企业理念或产品特征的宣传短句，如海尔的"真诚到永远"，海王的"健康成就未来"。广告语与广告标题的区别如下。

作用不同：广告语是为经营和促销服务的；广告标题是为引起阅读兴趣的，广告标题是面孔和眼睛，只有面孔诱人，眼睛传神，才能吸引读者阅读。风格不同：广告语更倾向口头语；广告标题更倾向书面语。位置不同：广告语在正文之后，广告标题在正文之前。运用时限范围不同：广告标题是一则一题，因此，运用时间短，范围窄；广告语往往多则一语，长期一贯，运用时间长，范围广。

四、判断正误，简要说明原因并按照规范格式重写（20 分）

1. 一是标题不规范，请示的标题必须三要素齐全。

二是主送机关不正确：

（1）根据行文规则"不送个人"，主送××省委书记，错误。

（2）根据行文规则"党政机关不能交叉上行请示、报告性公文"，省教育厅向省委请示，不合规则。

（3）根据行文规则"一头请示"，请示的主送单位一般只能有一个。如多头请示，就会出现多头审批的情况。而多头审批，一是重复劳动，造成浪费；二是会出现批复意见不一的情况，徒然生出矛盾，惹出很多麻烦，反而不利于工作的正常开展。

三是正文应在行期之后增加"应邀"两个字；"各项费用预算，列有详表"不必在正文出现，应该作为附件处理。

四是缺少附件。

五是成文日期汉字与阿拉伯数字混合，应用阿拉伯数字。

六是请示还应该把联系人、联系电话放在附注的位置。

更正如下。

××省教育厅
关于派组赴美考察职业教育有关问题的请示

××省人民政府：

为了加强学术交流，进一步探讨职业教育的规律和改革发展趋势，我厅拟于二〇一一年八月十六日应邀派组（厅长陈××等6人）前往美国纽约市考察，行期16天，所需外汇由我厅自行解决。

妥否，请批示。

附件：1. 邀请函

　　　2. ××省教育厅赴美考察各项费用预算表

××省教育厅（印章）
2011年7月11日

（联系人：廖××，联系电话：0××－×××××××××）

五、要素操作题（第1题3分，第2题10分，第3题7分，共20分）

1. 该文件标题：湖南省政府批转林业厅关于保护省内原始林区的紧急报告的通知。

2. 简报格式如下：

<table>
<tr><td>密级</td><td colspan="2">编号</td></tr>
<tr><td colspan="3" align="center">简　报　名　称
第×期</td></tr>
<tr><td>编发单位：</td><td colspan="2">印发日期</td></tr>
<tr><td colspan="3" align="center">
按语
目录
标题

</td></tr>
<tr><td colspan="3">正文

 署名 </td></tr>
<tr><td>报：（上级）
送：（平级）
发：（下级）</td><td colspan="2" align="right">
共印×份</td></tr>
</table>

3. 该文稿标准的标题：××省人事厅关于职称评审问题的复函。

该文稿的行文依据：贵院《关于职称评审问题的函》（×字〔2011〕12号）收悉。

该文稿的惯用语："此复"、"特此函复"。

六、写作题（第1题12分，第2题8分，第3题12分，共32分）

1.

中华人民共和国交通部
关于庆祝航海日船舶挂旗并统一鸣笛的通告

　　经国务院批准，每年 7 月 11 日为"航海日"，同时也作为"世界海事日"在我国的实施日期。为营造良好的庆祝气氛，经研究决定：

　　一、7 月 11 日当天日出至日落，中国籍民用船舶、中国航运企业拥有或经营的非中国籍船舶挂满旗。我国航运、港口、船舶代理、海事、救助、水运工程等涉海管理机关、企事业单位、科研院校，可参照船舶挂满旗的方式悬挂旗帜。

　　二、除在限制鸣笛特殊水域或在港作业的船舶外，中国籍民用船舶、中国航运企业拥有或经营的非中国籍船舶实施统一鸣笛，具体时间为：7 月 11 日上午 9 时整开始，持续时间为 1 分钟。

　　特此通告。

中华人民共和国交通部
2006 年 6 月 15 日

2. 11 月份全国居民消费价格同比上涨 6.9%

3.

　　曾几何时，"谁知盘中餐，粒粒皆辛苦"的诗句常在耳边回响；曾几何时，"一粥一饭，当思来之不易；一丝一缕，恒念物力维艰"的古训仍在心头萦绕；曾几何时，伟大领袖毛泽东掷地有声的一句话"浪费是极大的犯罪"，指引着几代人艰苦创业、自力更生。"勤俭节约，艰苦创业"这个古老而又年轻的命题，如今重又被赋予新的历史使命和战略意义。

试卷四

一、单项选择题（每小题 1 分，共 10 分）

1. 向国内外宣布重要事项或法定事项时用（　　　）。

　　A. 公告　　　　　　B. 通告　　　　　　C. 通知　　　　　　D. 通报

2. 转发与批转公文时用（　　　）。

　　A. 通报　　　　　　B. 通知　　　　　　C. 简报　　　　　　D. 批复

3. 不可以使用通知的事项是（　　　）。

　　A. 设立机构　　　　　　　　　　B. 新印章的启用

　　C. 文件内容的更正　　　　　　　D. 重大活动的安排

4. 撰写请示，要求（　　　）。

　　A. 主送一个主管的上级机关　　　　B. 主送上级机关的领导人

　　C. 受双重领导的机关主送两个上级机关

　　D. 主送主管的与有关的上级机关

5. 表彰先进、批评错误、传达重要精神或者情况时使用的公文是（　　　）。

　　A. 通告　　　　　　B. 通报　　　　　　C. 通知　　　　　　D. 决定

6. 通知标题正确的是（　　　）。

　　A. 关于立即开展行风评议的通知　　　B. ××工厂关于调整内设机构的通知

C. ××大学转发《××大学二〇〇五年工作计划》的通知

D. ××工厂购买办公用品规定的通知

7. 根据新的公文法规，需在附注处加联系人和联系电话的文种是（　　）。

A. 报告　　　　　B. 通报　　　　　C. 请示　　　　　D. 决定

8. 下列属于被动公文的是（　　）。

A. 求职信　　　B. 复函　　　　C. 答辩状　　　D. 投标书

9. 上级机关对重大行动、重要问题做出安排、规范和决策，应该使用（　　）。

A. 报告　　　　B. 决定　　　　C. 通知　　　　D. 决议

10. 主送机关是指（　　）。

A. 发文机关　　　　　　　　B. 收文机关

C. 需要了解公文的机关　　　D. 对公文内容有答复和直接办理责任的机关

二、名词解释（每小题 3 分，共 9 分）

1. 主送机关

2. 附件

3. 会议纪要

三、论述题（每小题 5 分，共 10 分）

1. ××市 2012 年初召开了一次全市房改工作会议。会上总结分析了 2011 年全市房改工作的成绩与不足，对新一年度的房改工作做了部署。领导要求把这次会议精神尽快贯彻下去，以指导全市房改工作的进一步开展。新来的秘书张晓根据会议记录写了一份会议简报，文件初稿交到办公室，被办公室主任退回，要他重写，并告知张晓内容还可以。请问，该份文件初稿为什么要重写？

2. A 单位与 B 单位互不隶属，但从行政职级上看，B 单位比 A 单位高。A 单位有事询问 B 单位，为了体现自己的诚心和对 B 单位的尊重，A 单位给 B 单位写了请示。请问：A 单位的做法是否得当，为什么？

四、要素操作题（第 1 题 3 分，第 2 题 12 分，第 3 题 10 分，共 25 分）

1. 根据以下内容为该文件拟定一个适当的标题。

各省、自治区、直辖市人民政府：

粮食是具有战略意义的特殊商品。粮食市场的稳定，事关全局。加强粮食市场管理是国家对粮食进行宏观调控的重要内容和必要措施，为了维护正常的粮食流通秩序，保持市场粮油价格的基本稳定，经国务院批准，特做如下通知：

（略）

国务院办公厅
二〇〇八年六月六日

2. 图示公文的格式。

3. 以下是公文办理程序各环节的名称，请将收文办理的各个环节选出来（在下面画上横线表示），并按其相互衔接的顺序重新排列（中间用 — 表示先后顺序）。

用印　拟稿　签收　批办　审核　注办　分发　签发　登记　承办　封发　折封　查办
发文登记　缮印　催办　归卷　传阅　拟办　核发

五、根据下列标题与提纲，写摘要（10分）与关键词（5分）

秘书如何处理内部人际关系

写 作 提 纲

绪论：

本文主要从人际关系学知识出发，明确秘书人际关系处理的重要性，论述秘书内部人际关系的应对处理。

本论：

一、秘书如何处理与上级领导的关系

（一）秘书要尊重领导

（二）秘书要让领导有安全感

（三）秘书莫怕魔鬼型领导

（四）秘书对领导不要把话说得太满

（五）秘书得罪领导应及时沟通

二、秘书如何处理与平级同事的关系

（一）秘书与平级同事相处的原则

　　1. 真诚的原则

　　2. 互动的原则

　　3. 信守承诺等其他原则

（二）秘书与平级同事交往的忌讳

三、秘书如何处理与下级的关系

（一）平等交往

（二）宽容待人

（三）关心互助

结论：

秘书在单位内部不仅要处理好与领导的关系，而且还应该处理好和同事及下级的关系，这也是衡量一位秘书是否成功的标志。

六、写作题（第1题26分，第2题5分，共31分）

1. 根据提供的材料，拟写两份相应的公文。

省级重点工程东平湖水库防汛改造工程自开工以来，各项工作进展顺利，现已完成黄河滩区和东平湖区的群众安迁工作，完成建筑土石方50万立方米、堤段5 000米。汛期即将来临，为加快工程建设，需要准备充足的建筑材料，但由于市场上建材价格上涨，省财政厅划拨的1 000万元计划专款已远远不能满足工程建设的需要，为此，承担此项目工程建设的××县人民政府拟请市人民政府向××省财政厅求援，再增拨专项资金300万元，以求顺利完成防汛改造工程建设，确保东平湖两岸及周围几个市县人民生命财产的安全。

2. 山西汾酒是我国清香型白酒的代表，具有上千年的酿造历史，已为国内消费者所熟知。古老的酒文化及其蕴含的高品质是汾酒的两大亮点。请为其写一条广告语。

参考答案

一、单项选择题（每小题1分，共10分）

1. A　2. B　3. D　4. A　5. B　6. B　7. C　8. B　9. B　10. D

二、名词解释（每小题3分，共9分）

1. 主送机关是负有公文处理责任的受理机关。

2. 附件指随文发送的文件、报表、材料等，是正文的补充说明或参考材料，是公文的组成部分。不是所有公文都需附件，根据需要而定。

3. 会议纪要是适用于记载、传达会议情况和议定事项的公文。

三、论述题（每小题5分，共10分）

1. 用错文种；应该用会议纪要。会议纪要与会议简报内容差不多，简报是纪要的基础，纪要是简报内容的集中和概括，所以办公室主任告知张晓内容还可以。但会议纪要有一定权威，内容具有指导约束作用；会议简报只供参考，无硬性要求，比较起来，会议纪要比会议简报系统全面，更具有指导意义。而领导要求把这次会议精神尽快贯彻下去，以指导全市房改工作的进一步开展，应该用会议纪要。

2. A单位的做法不当。因为不相隶属机关单位之间商洽工作、询问和答复问题、请求批准和审批事项，必须用函。不能因为主送机关的级别高于制发机关，为了尊重主送机关而将应当用函的公文改用请示。

四、要素操作题（第1题3分，第2题12分，第3题10分，共25分）

1. 国务院办公厅关于加强粮食市场管理的通知

2. 上行文格式如下：

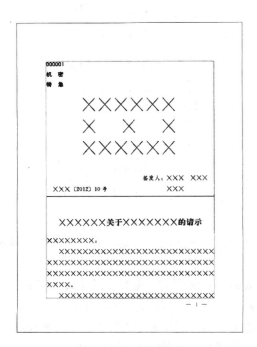

联合上行文首页版式

应用写作实训

124

公文末页版式

平行文、下行文首页版式如下：

3. 签收—拆封—登记—审核—分发—传阅—拟办—批办—承办—催办—查办—注办—归卷

五、根据下列标题与提纲，写摘要（10分）与关键词（5分）

摘要：秘书人际关系的应对处理很重要。在处理与领导的关系方面，秘书要尊重领导、让领导有安全感，莫怕魔鬼型领导，对领导不要把话说得太满，得罪领导应及时沟通；在处理与平级的关系方面，要遵循真诚互动、信守承诺等原则，还要避开忌讳的事；在处理与下级的关系方面，应注意平等交往、宽容待人、关心互助。总之，秘书在单位内部不仅要处理好领导的关系，而且还应处理好平级、下级的关系，这是衡量一位成功秘书的标志。

关键词： 秘书 人际关系 处理 上级 平级 下级

六、写作题（第1题26分，第2题5分，共31分）

1.

××县人民政府关于增拨专项资金的请示

××市人民政府：

东平湖水库防汛改造工程需要准备充足的建筑材料，但由于市场上建材价格上涨，省财政厅划拨的一千万元计划专款已远远不能满足工程建设的需要，为了顺利完成防汛改造工程建设，确保东平湖两岸及周围几个市县人民生命财产的安全，我们恳请市人民政府向省财政厅求援，再增拨专项资金三百万元。

妥否，请批示。

××县人民政府
200×年×月×日

××市人民政府关于增拨专项资金的函

××省财政厅：

由于市场建材价格上涨，贵厅划拨的一千万元计划专款已远远不能满足东平湖水库防汛改造工程建设的需要，为了顺利完成防汛改造工程建设，确保东平湖两岸及周围几个市县人民生命财产的安全，××县人民政府恳请我市人民政府向贵厅求援，再增拨专项资金三百万元。

妥否，请函复。

××市人民政府
200×年×月×日

2. 小巷深深深几许 汾酒香香香四方

试卷五

一、填空题（每空1分，共10分）

1. 按行文关系划分，可将公文分为上行文、_____、下行文。

2. 应用文是机关团体、企事业单位、其他社会组织及人民群众用来处理公务和日常事务、交流情况、沟通信息时所使用的格式规范、行文简约并具有直接_____价值的文体。

3. 正文是起诉状的核心部分，主要包括三项内容：请求事项、_____、证据和证据来源、证人姓名和住址。

4. 合同的主体部分包含的主要项目：（1）_____；（2）数量；（3）质量；（4）价款或报酬；（5）履行的期限、地点和方式；（6）_____；（7）解决争议的办法，等等。

5. 在一定范围内公布应遵守或者周知的事项，要用_____；下级机关向上级机关汇报工作，反映情况，答复上级机关询问，要用_____。

6. 市府字〔2002〕第 37 号文，这个发文字号有误，请填上正确的字号_____。

7. ××大学就××系学生×××擅离学校，违反学校纪律，给予警告处分一事发出文件，使全校师生周知。该文件用_____文种。

8. 某县工业局为请求购置防暑设备的经费，特向该县财政局制发的文件为_____文种。

9. 某省财政厅对本省农业厅申请批准拨款购置办公设备的来文制发复文，批准对方的请求，应该用_____文种。

二、不定项选择题（每小题 2 分，共 20 分）

1. 公文要素"签发人"一般在（　　）使用。
   A. 下行文　　　　　　B. 上行文　　　　　　C. 平行文

2. 公文的秘密等级可分为（　　）。
   A. 绝密　　　　　　B. 机密　　　　　　C. 秘密　　　　　D. 普通

3. 公文标题构成的三个基本要素是（　　）。
   A. 发文机关名称　　B. 发文事由　　　　C. 公文种类　　　D. 时限

4. 文件的成文日期，指（　　）。
   A. 文件印制的日期　　　　　　　　B. 文件的拟稿日期
   C. 文件发出日期　　　　　　　　　D. 领导人签署的日期

5. 下列公文发文字号书写正确的是（　　）。
   A. 国办字〔1988〕010 号　　　　　B. 国办字〔88〕10 号
   C. 国办发〔1988〕10 号　　　　　　D. 国办发〔88〕10 号

6. 在公文行文部分的公文标题中，（　　）是绝对不能够省略的。
   A. 发文机关名称　　　　　　　　　B. 公文主题，即事由
   C. 文种　　　　　　　　　　　　　D. 收文机关名称

7. 主送机关可以不用书写的公文有（　　）。
   A. 请示、报告的上行公文　　　　　B. 上级领导发给下级的下行公文
   C. 直接向社会公众发布的公文，如通告、公告等
   D. 所有公文必须书写公文的主送机关

8. 向不相隶属机关发文，属于（　　）。
   A. 上行文　　　　　　B. 平行文　　　　　C. 下行文　　　D. 上行文或平行文

9. 抄送机关指（　　）。
   A. 收文机关　　　　　　　　　　　B. 办理或答复收文的机关
   C. 需要了解收文内容的机关　　　　D. 必须送达的机关

10. 引用公文应当（　　）。
    A. 先引发文字号，后引文件标题　　B. 先引文件标题，后引发文字号
    C. 仅引文件标题　　　　　　　　　D. 仅引发文字号

三、按照新闻标题的一般写法，为下面一篇经济新闻补写标题（10 分）

针对近日关于四川干旱与三峡工程有直接关系这种说法，国家气候中心副主任罗勇 6 日在接受记者采访时表示，不能说三峡工程引起了四川的干旱。

罗勇指出，全球气候变暖是北半球及我国夏季高温热浪事件频繁出现的大背景，环流异常是造成极端高温事件发生的直接原因。

他说，在全球气候变暖的背景下，近50年来中国主要极端天气气候事件的发生频率和强度出现了明显变化。在2006年，我国出现了多项破历史记录的极端气候事件，如四川、重庆等地发生了百年一遇的严重高温干旱，1951年以来最强台风"桑美"登陆浙江，北方地区出现严重干旱，北京地区一夜之间降下33万吨沙尘等。极端气候事件频发，不是中国四川、重庆特有的地区现象，而是一个更广范围，甚至是全球现象。

这位气候专家告诉记者，近百年来，地球气候正经历一次以全球变暖为主要特征的显著变化，这种变化在北半球中高纬度地区尤其明显。

根据有关记录，2006年夏季，6月1日～8月21日，四川、重庆平均降水量为345.9毫米，是1951年以来历史同期最小值。同时，四川、重庆两省（市）7月中旬至8月下旬遭受罕见的持续高温热浪袭击，其中重庆市高于或等于38℃的高温日数达21天，创历史新高。但同期严重的高温干旱不仅仅出现在四川、重庆地区，如在2006年6月出现的夏季第一次高温过程中，河北中南部、山西南部、山东西部、河南、安徽中北部、湖北中北部及陕西东南部等地高于或等于35℃的高温日数有3～8天，较常年同期偏多3～7天，河南等地6月中旬的高温日数甚至超过了常年6月份的总高温日数。

据罗勇介绍，2006年春季，我国北方地区也持续干旱，华北大部、西北地区东部、黄淮北部及内蒙古中东部、云南等地降水量较常年同期偏少三成至八成，导致这些地区一度发生了严重春旱。去年冬季，重庆的平均降雨量较平常年份多了四成，但川渝两地却出现了罕见春旱。造成这种现象的主要原因，一是去年高温干旱使土壤含水量大幅度减少，二是暖冬导致地表水分蒸发加剧。

罗勇说，仅就西南地区而言，干旱也并非仅限于与三峡工程相近的川渝两地。今年2月下旬到3月下旬，云南大部地区降水量较常年同期偏少五成至九成，为1951年有气象记录以来历史同期最少，全省大部分地区气温却较常年同期偏高。高温少雨致使云南大部地区的旱情发展迅速。与此同时，西藏、广西部分地区也出现了不同程度的干旱。显然不能说，这些干旱都是由三峡工程引起的。

四、为下面这篇论文补写写作提纲（15分）、摘要（10分）和关键词（5分）

浅谈当代秘书的能力素养

秘书，在我国是政府机关，企事业单位普遍设置的一种职位，在世界范围乃是最广泛的社会职业，对社会发展起着不可缺少的作用。按照国际职业秘书协会的定义"秘书是具有熟练的办公室工作能力，不需上级敦促即能主动负责、积极进取、干练果断，能在授权范围做正确决定的经理助手"，可见，在现代社会，秘书已成为领导人的亲密助手。现代秘书的主要职责是辅助管理、综合服务，他们是连接决策者和执行者的关键环节，起到行政助理的作用。这就要求他们必须具备较高的素养。

一、应具备良好的政治素养

政治素养是指人的世界观、人生观、道德观和行为准则。现代秘书工作有很强的政治性，秘书是领导的近身工作人员，有时代表领导机关或领导人撰文、谈话、处理问题，因而要求秘书必须具有坚定正确的政治方向和较高的理论政策水平，具有良好的政治素养。这是秘书胜任工作的先决条件和重要保证。

现代秘书的政治素养，是秘书在秘书工作中自觉坚持社会主义方向的基本保证，是秘书必须具备的基本要素。现代秘书要坚持马克思主义的政治方向，自觉遵守党的路线、方针、政策，注意培养自己的政治鉴别力和政治敏锐感。用"三个代表"重要思想和科学发展观指导秘书工作实践，这是做好秘书工作的重要前提，也是企业坚持正确的政治方向、持续健康稳定发展的基本保证。作为秘书必须认真学习、领会"三个代表"思想的精神实质，深入贯彻科学发展观，学会用马列主义的立场、观点、方法观察和分析问题，创造性地开展工作，提高认识，转变观念，努力提高自己的思想理论水平，站在理论的高度观察、分析问题。也只有这样，才可以见人所未见，知人所未知，言人所欲言，做到高屋建瓴，见远思深，提出具有超前性、预见性的意见和建议，更好地发挥助手作用。

加强现代秘书的政治理论修养，是秘书健康成长的基础。古人说："求木之长者，必固其根本；欲流之远者，必浚其源泉。"政治素养是现代秘书开展工作的根本，要想做一名合格的秘书工作者，必须提高政治素养，学好理论。学好理论的关键是要做到不唯上、不唯书，立足于会读书、活读书。就学习的内容而言，主要是认真学习马列主义、毛泽东思想、邓小平理论、"三个代表"重要思想，深入贯彻科学发展观。在当前，秘书只有自觉地学习马列主义理论、毛泽东思想、邓小平理论以及胡锦涛同志根据当前的新形势、新情况的一系列重要讲话和重要指示，才能在复杂的形势下保持清醒的头脑，恰当地做好各项工作。如果学不好马克思主义，改造主观世界就会浅尝辄止，秘书工作也就成了无本之木。

二、必须具备职业道德素养

道德是一定社会的意识形态，是人们社会生活及行为准则的规范。职业道德是指担负不同社会责任和服务的人员应当遵循的道德准则。它通过人们的信念、习惯和社会舆论而起作用，成为人们评判是非、辨别好坏的标准和尺度，从而促使人们不断增强职业道德观念，不断提高服务水平。现代秘书应具备人类最崇高的道德素养，并在社会主义精神文明建设中身体力行，自觉地严格要求自己。秘书的职业道德素养，主要有以下几个方面。

（一）忠于职守

秘书应忠于职守，大而言之是忠于党、忠于国家和人民的利益；小而言之，要忠于本职工作。忠于职守的另一个含义是对工作认真负责、一丝不苟，忠于职守还意味着恪守本分，甘当助手、配角，甘当无名英雄，不越权或滥用职权。

（二）严守机密

秘书接触内部文件多，参加重要会议多，在领导身边的机会多，总而言之，接触机密多。秘书要严格执行国家有关保密规定，严守党和国家的机密，不能在任何场合向任何人炫耀和泄露，以免给党和国家造成损失。

（三）恪守信用

秘书工作严谨缜密、责任重大，秘书必须在工作中忠于职守，在人际交往中恪守信用，包括约定会晤、安排会议、组织联络、收发函件、传递文件都要准时。接受任务如不能近期完成，必须及时汇报，不能拖延或擅自改变。恪守信用还包括不轻易允诺别人所托而自己又力所不能及的事情，一旦允诺就应该尽一切力量去办到。

（四）勇于奉献

秘书要有热爱工作、埋头苦干、不计报酬、勇于奉献的精神。世上三百六十行，行行不一样。有些是"有名有利"，赫然于世间，显荣于人前，也有些是默默无闻，却是社会发展所不可缺少的。秘书工作属于后一种。秘书工作是服务，秘书的劳动成果往往通过领导机关、领导同志的工作实绩体现出来，不能独立显示自身的成绩。秘书工作机密性强，许多工作，秘书只能埋头去做，不能公开宣扬。秘书工作具体又繁忙，无论是管理文件，组织会议，还是起草公文，常常需要加班加点，夜以继日，"眼睛一睁，忙到熄灯"，很少出头露面，留名得利。这就要求秘书自觉发扬为事业埋头苦干的献身精神。邹韬奋先生说得好："一个人光溜溜地到这个世界来，最后光溜溜地离开这个世界而去，彻底想起来，名利都是身外物，只有尽一个人的心力使社会的人多得他的工作的裨益，才是人生最愉快的事。"秘书应当以此为座右铭。同时，秘书还要有"先天下之忧而忧，后天下之乐而乐"、"鞠躬尽瘁，死而后已"的精神，克己奉公，正气凛然，铁面无私，任劳任怨，虚怀若谷，谦逊容人；树立无私奉献的观念，全身心地投入工作，顾全大局，甘于奉献，乐当"无名英雄"，要吃得辛苦，受得清苦，耐得艰苦，自觉抵制享乐主义、拜金主义、极端个人主义的侵蚀，自觉服从和服务于领导和组织的整体利益。

为事业而埋头苦干的献身精神从哪里来？来自党性，来自对事业的忠诚，来自伟大的社会责任心。这种原动力，是职业道德规范的基础和保证。

三、必须具备能力素养

秘书能力素养就是秘书进行秘书工作达到领导目标的心理特征、活动方式与智能的综合反映。能力是指完成一定活动的本领。秘书的能力包括基本能力、专业能力和特殊能力。

（一）秘书的基本能力

秘书的基本能力，即秘书的智力，包括敏锐的观察能力、良好的记忆能力、丰富的想象能力和科学的思维能力。这是秘书赖以吸收外界知识的能力，也是其他能力的基础。

1. 观察能力

现代社会每天都有许多新情况、新事物发生，作为秘书要协助领导开展工作，就必须培养较强的观察能力。"观察力是人们智力活动的门户。"一个出色的秘书应具有反应灵敏、眼亮心明、见微知著、入木三分的观察能力。

2. 记忆能力

时代节奏加快，工作效率在不断提高，这要求现代秘书应有较强的记忆能力。秘书的记忆力如何，不光影响其知识的深度，还直接影响其工作完成的好坏。譬如，从领导那里接受任务归来，如果遗漏要点或该办的事情而忘记去办，岂不碍事。因此，秘书要善于培养和锻炼自己的记忆力，博闻强记，成为"活资料"、"活纪事"。

3. 思维能力

秘书还应有丰富的想象能力和敏锐的思维能力。"丰富的想象力是人们智力活动的翅膀"，而"思维能力是人们智力活动的核心"，没有想象就没有创造，要想象首先就要思维。秘书在吃透有关的方针、政策、法规，熟悉一切有关的人和事的同时，要主动接近领导的工作和参与领导活动，铸造独特的思维方式，出谋划策时不人云亦云，有自己的思路，透过现象觅本质，预测事物变化的新趋势，协助领导进行科学决策。

（二）秘书的专业能力

秘书的专业能力是秘书开展工作的技术因素，主要是指文字表达能力、组织能力、判断能力、应变能力和社交能力。

1. 较好的文字表达能力

秘书工作中的一个重要任务，就是从事大量的文字工作，几乎天天都要修改或草拟文稿。因此，秘书必须具备扎实的文字功底，不仅要精通语法、修辞和逻辑知识，还要掌握一定的写作规律。汉语词语浩瀚，文体广博，这为文字工作者提供了良好的写作条件。但是，写作是一种综合能力的体现，要做到内容与形式的统一，既要有好的表现形式，又要有充实的内容，并不是一件轻而易举的事。这就要求秘书加强写作实践，熟练掌握各类公文的特点、写作要求和语言表达技巧，随时注意积累资料，不断提高写作水平；要注意文风的改革，培养洗练的文字表达能力。

2. 较强的组织能力

现代的秘书，既不是那种整天伏案看文件、写文章的纯"文牍性"人才，也不是那种只会"捆捆扎扎、收收发发"的简单劳动者，而是具有一定的组织和管理能力的人才。根据职责的要求，秘书经常要按照领导的意图组织各类活动，如果缺乏一些现代的、科学的组织管理能力，就无法把工作搞好。对此，秘书一方面要通晓办事的渠道，提高办事的效能，平时多接触一些具体事物，处处留意他人和自己的上级是如何处理问题的，不断增加自己的阅历和经验；另一方面要用系统的观点，统筹安排工作。

3. 敏捷的应变能力

所谓应变能力，就是适应突然变化的环境和事物，完成原定任务的本领。应变能力是秘书的一种综合能力，属于智慧和才干的范围。有了这种能力，就能够善于观察，能够思维敏捷，能够多谋善断，能够具有预见性，能够随机应变。

4. 广泛的社交能力

当前，社会交往已成为社会各阶层的一项"热门"活动。社交对于秘书来说同样重要。首先，社交可以开阔视野，增长知识。在广泛的社交中，可以博采众长，学习各方面的知识以丰富自己。知识出才智，智是谋之本，这样在实际工作中就能更好地发挥助手作用。其次，社交是办事的辅助。秘书办理公务，联系事务，自然是"公事公办"，但社交可以帮助其选取捷径，克服阻力，提高办事效率。

（三）秘书的特殊能力

秘书的特殊能力是指秘书应有较高的外语水平和现代办公技巧。我国已加入 WTO，与国际接轨，与外国人交往日益增多，这对秘书的外语水平提出了更高的要求。随着办公现代化和通信网络化的迅猛发展，今天的一切领域几乎都可以用计算机，秘书的信息搜集、存储、加工和传输，统计调查、写作打字等工作无不与此有关。所以现代秘书必须具有熟练的计算机操作能力、较高的外语水平，与时俱进。

四、必须具备知识素养

知识素养就是我们通常说的知识结构，是秘书从事本职工作的必要条件，"知识就是力量"。现代秘书是具有一定组织和管理能力，集"秀才"、"专才"、"杂家"等各种知识于一身的复合型"通才"。现代社会生产和现代科学技术的纵深发展，使得社会分工越来越细，学科的分化和交叉越来越多，人们在处理问题的过程中涉及的知识面越来越宽，这就对秘书的知识素养提出了较高的要求。

（一）加强基础知识学习，拓宽知识面

基础知识是现代秘书的必备素质，是基础和前提，也是秘书提高素质修养的基础条件。毛泽东说："没有文化的军队是愚蠢的军队，而愚蠢的军队是不能战胜敌人的。"我国现代领导者是社会主义建设大军的各级司令员和指挥员，而作为领导参谋的秘书，要顺利推进社会主义事业，没有文化知识是不可想象的。作为现代秘书应加强对社会科学知识、自然科学知识的学习，做到融会贯通，灵活运用，使自己成为名副其实的"秀才"。

（二）强化各种专业知识，使学有专长

现代秘书必须熟悉自己所在单位人们工作的相关环节，加强有关专业技术知识的学习，做到干一行懂一行。邓小平曾指出："无论在什么岗位上，都要有一定的专业知识和专业能力，没有的要学，有的要继续学，实在不能学、不愿学的要调整。"秘书的专业知识包括：秘书学、文书学、档案管理学、应用写作、信访学、组织行为学、领导科学、行政管理学及相关的业务知识，作为现代秘书必须把这些知识融会贯通，使自己成为有一技之长的"专才"。

（三）提高相关的辅助知识

秘书工作的综合性客观上要求秘书应具有广博的知识，不断开阔自己的视野，拓宽工作思路，加强辨别是非的能力，以独特的方式处理并解决问题。加入 WTO 后，中国经济与国际接轨，秘书必须掌握国际政治、经济、金融、贸易等方面的一般知识，对党的方针政策、国家的法律法规应历史地、系统地、全面深入地了解，使自己在处理各种问题时能得心应手。现代秘书还应加强对系统论、控制论、心理学、公共关系学、行为科学、礼仪学、预测学、决策学、市场学、物价学、经济管理学、股票、证券、法学、新闻学、情报学、计算机应用等学科知识的学习，使自己成为一个真正的"杂家"。

总之，现代科学的发展要求秘书的知识必须综合化、网络化、复合化。从横的方面看，秘书的知识面要宽，包括基础理论、专业知识和社会生活知识等，要面面俱到，做到广而博；从纵的方面看，秘书的知识结构要有层次，包括基础知识、专业知识和辅助知识，要兼而有之，做到深而透。具有这种知识结构和素养，纵横结合，这就是我们平常所说的"通才"。

五、必须具备心理素养

就一般情况来说，秘书应当要有高尚的情怀、广泛的兴趣、大方的风度，应乐观幽默，充满自信。

（一）要有高尚的情怀

秘书在一些人心目中很了不起，另一些人则轻视它："秘书嘛，不就是抄抄写写，接接电话，跑跑腿。"秘书在工作中，有九件事情做好了都是应该的，错了一件，上面批，下面骂，同事怨，责难四起。秘书熬更守夜，冥思苦想，搜肠刮肚，写出了许多华章佳篇，却没有一篇署上自己的名字，更无稿酬。秘书经常看到他人受表彰、提职务，却老轮不到自己，有时会产生无名的怨气。秘书有所谓"政治上是红人，工作上是忙人，经济上是穷人，身体上是病人"的说法，说明秘书不好当。所以，秘书应有不为名、不为利的无私奉献精神，保持"淡泊明志，宠辱不惊"的心理状态，能够"穷不移志，危不改节"，襟怀坦荡，淡然对得意，坦然对失意。秘书应正确对待表扬和批评，秘书服务工作做好了，也会得到领导表扬、群众赞扬，但更多的可能是批评与责骂，作为一名现代秘书，要受表扬而不居功自傲，不广为炫耀，应更多地想一想领导对自己的培养、群众对自己的支持，视表扬为对自己的鼓励和鞭策，促使自己更努力地做好工作；遇到批评和责难，不能埋怨领导，透过于人，而应认真检查自己的失误和不足，总结经验教训。

（二）要有广泛的兴趣

兴趣，即人们通常所说的爱好，它是人的一种具有积极情绪色彩的心理倾向，是人的一种带有趋向性的认识活动。兴趣之所以重要是因为它是人们认识世界和改造世界的精神动力。当一个人有了某种兴趣时，它会引起持久的注意力，使感知清晰，甚至获得某方面的重大突破。现代秘书除了应有本专业的"中心兴趣"外，还应具有"外围兴趣"，朝多向性方面发展。比如对世界文学、中外艺术、音乐以及书法、绘画、摄影、打牌、下棋等都要有所爱好。只有兴趣广泛，才能使自己对各种新鲜问题保持敏感性，并积极去学习和钻研，从而丰富知识、增进友谊，也才能更好地与各级人员加强沟通、联络感情。

（三）要有大方的风度

风度是一个人显示内在素质的外貌特征。一个人的风度是他全部素质的外在综合反映。秘书的风度如何，直接关系到其在领导与别人心中的形象。在日常工作中，有的虽然初次见面交往，却能给人一见如故的亲切感，颇具大家风范，才华横溢；有的却让人感到小家做派，窝囊憋气。现代秘书应具有外表美、姿态美、翩翩大方的风度，谦恭和蔼，坦然潇洒，淳朴热情，使自己在领导与群众心目中树立一种良好的形象。

（四）要有坚强的意志

意志是人们完成一种有目的的活动时所进行的选择、决定、执行的心理过程。人的意志活动，是人脑对客观现实的积极的能动的反映。秘书工作繁忙，往往过分紧张，而且要求高、困难多，所以应自觉磨炼自己，勇于吃苦，任劳任怨，执著追求。培养秘书良好的意志品质，既要树立自觉性，克服盲目性，"咬定青山不放松"，经常鞭策鼓励自己，勇于进取，敢于与困难抗争，又要树立坚韧性，克服脆弱性，不嫌弃琐细工作，持之以恒，锲而不舍，还要培养自制力，克服冲动性，遇事认真审慎，控制自己的感情，切忌贸然行事。

（五）多些乐观和幽默

秘书事务繁重，精神紧张，如履薄冰，如走钢丝，精神不爽朗、不振奋，工作就很难做得有生气，有时还会影响身体健康。鉴于职业特点，秘书应当具备更多的乐观和幽默。乐观和幽默，不但有益于身心健康，还有益于事业成功。美国兰斯登在《有效的经验》一书中说："跟阴郁的人在一起毫无乐趣可言，跟不能说笑的人为伴更是悲哀之至。乐观和具有幽默感可以使公司受益。这不但是对人与人的关系，而且对心理的健康也是非常重要的。"秘书工作时一定要严肃、认真，但这并不妨碍乐观和活泼。乐观和幽默，不应是轻薄，更不应是夸夸其谈，哗众取宠。幽默常表现为一种语言艺术，但不能伤害别人，尤其是不能伤害交谈的对方。一般地说，拿自己开玩笑可能效果更好些。幽默是一种自信心的表现，反过来又有助于增强自信心。心情紧张、拘谨时是说不出幽默语言的，同样也很难愉快地办文、办事。同时当对方拘谨、紧张时，当会谈场合很严肃时，当对满堂听众演讲时，若说两句笑话，来一两句幽默的语言，会使现场气氛立即轻松下来，会收到事半功倍的效果。乐观和幽默不仅是一副身心健康剂，而且是融洽人际关系、密切交往效果的优化剂。如果一个人总是沉默寡言，横眉怒目，装腔作势，那只能使人敬而远之，厌而烦之。要乐观和幽默，就要能容人，就要宽怀大度、遇事冷静。

（六）应该培养自信心

信心是做好工作的一个重要心理因素。同上同下交往拘谨，特别是同上交往过分拘谨，对于做好工作感到气馁，对于学习感到困难重重，对于个人前途表现出不应有的沮丧，常被职称、待遇等问题缠住，怨气很盛等，都是缺乏自信心的表现。自己没有信心，成效就难以取得。信心来自对自己、对环境的清醒分析，而不是盲目自信。既要看到自己的长处，也要看到自己的短处，既要不满足、不陶醉于长处，也要不忌讳短处。只有正视自己的长处和短处，才能知道应该怎么干。同时，也要了解对象、分析对象，择善而处之。这样，成功的可能性就会大大提高。

（七）崇尚竞争不嫉妒

"水向低处流，人往高处走。"除了个别人，谁都想使自己的成就大些，景况好些。于是，人们有意无意地参加到社会竞争中。竞争是进步的动力，是一种积极因素。在现代社会，办事业要竞争，取得个人成就也要竞争。但是，竞争绝不是嫉妒！嫉妒是消极因素，是病态心理。

嫉妒的根子是自私，常常是因为自己不如人家，人家在某一方面超过了自己。有妒癖的人，总是不愿承认别人的长处和成就，总是"眼红"人家的所得（包括精神的和物质的）。嫉妒的对象往往是熟人、同事、同学或邻居。表现形式是，对别人的"冒尖"之处，有的是默不承认，绝口不吐一个赞扬之词，有的是非议、饶舌、贬低，不然，就是"阿 Q"再世；进一步就是中伤、诋毁，散布流言蜚语，揭隐私，上纲上线。嫉妒心理，既不利于智能发展，也不为职业道德所容。正当的办法是竞争，最可取的态度，则是向别人学习，同别人友好，相互谅解和支持，在互帮互学中共同进步。

"积之愈厚，发之愈佳。"现代秘书要不断提高自身素养，正如习仲勋同志在《秘书工作》创刊号中说，秘书"应当具有坚强的党性、公正的品德、谦虚的态度、细致的文风；要肯于学习理论和文化，善于总结经验，勤于钻研业务，思想解放开朗，不故步自封；要说实话、干实事，不尚空谈，不搞形式，有实事求是之意，无虚报浮夸之心；要有高度的组织纪律，不该说的话不说，不该做的事不做，不图虚名，不谋私利；要有强烈的群众观点，办事情、处理问题必须考虑周到，照顾群众利益，不能漠不关心、脱离群众。"这是现代秘书必须达到的标准，秘书应以此标准来修身养性，努力使自己成为尽职尽责、能够为领导独当一面的得力助手。

五、文章评析（10 分）

请根据毕业论文写作的理论知识（特点、结构、写法等）为上题的毕业论文《浅谈当代秘书的能力素养》写评析。

六、写作题（20 分）

东方红大学制定了评选优秀教师的实施方案，下发所属单位。请拟公文标题，并完整地给出这份公文眉首、主体和版记的各项内容。（正文内容可省略）

参考答案

一、填空题（每空 1 分，共 10 分）

1. 平行文 2. 实用 3. 事实与理由 4. 标的；违约责任 5. 通告；报告 6. 市府字〔2002〕37 号 7. 通报 8. 函 9. 复函。

二、不定项选择题（每小题 2 分，共 20 分）

1. B 2. ABC 3. ABC 4. D 5. C 6. C 7. C 8. D 9. C 10. B

三、按照新闻标题的一般写法，为下面一篇经济新闻补写标题（10 分）

国家气候中心：不能说三峡工程引起了四川干旱

四、为下面这篇论文补写写作提纲（15 分）、摘要（10 分）和关键词（5 分）

浅谈当代秘书人员的能力素养
写作提纲

绪论：
现代秘书人员的主要职责是辅助管理、综合服务，他们是连接决策者和执行者的关键环节，起到行政助理的作用。这就要求他们必须具备较高的素养。

本论：
一、应具备良好的政治素养

应用写作实训

二、必须具备职业道德素养

（一）忠于职守

（二）严守机密

（三）恪守信用

（四）勇于奉献

三、必须具备能力素养

（一）秘书的基本能力

   1. 观察能力

   2. 记忆能力

   3. 思维能力

（二）秘书的专业能力

   1. 较好的文字表达能力

   2. 较强的组织能力

   3. 敏捷的应变能力

   4. 广泛的社交能力

（三）秘书的特殊能力

四、必须具备知识素养

（一）加强基础知识的学习，拓宽知识面

（二）强化专业知识，做到学有专长

（三）提高相关的辅助知识

五、必须具备心理素养

（一）要有高尚的情怀

（二）要有广泛的兴趣

（三）要有大方的风度

（四）要有坚强的意志

（五）多些乐观和幽默

（六）应培养自信心

（七）崇尚竞争不嫉妒

结论：

"积之愈厚，发之愈佳。"现代秘书要不断提高自身素养，努力使自己成为尽职尽责、能够为领导独当一面的得力助手。

摘要： 秘书，在我国是政府机关、企事业单位普遍设置的一种职位，在世界范围乃是最广泛的社会职业，对社会发展起着不可缺少的作用。现代秘书是连接决策者和执行者的关键环节，起到行政助理的作用。这就要求他们必须具备良好的政治素养、职业道德素养、能力素养、知识素养、心理素养等。"积之愈厚，发之愈佳。"现代秘书要不断提高自身素养，才能使自己成为尽职尽责、能够为领导独当一面的得力助手。

关键词： 秘书　能力　素养

五、文章评析（10分）

这篇毕业论文能在所学专业范围内选较适合自己的题目，符合专业性特点，也符合选有专业优势的选题原则。论文包括绪论、本论、结论三部分，结构完整，符合规范性。论文在绪论中开门见山地提出总论点：现代秘书人员必须具备较高的素养。本论采用并列式，从政治素养、职业道德素养、能力素养、知识素养、心理素养五个方面论述秘书必须具备的素养，条理清楚，层次分明，有的地方分析可谓步步深入，如必须具备的能力素养从基本能力、专业能力、特殊能力三方面进行论述，基本能力从观察、记忆、思维能力三方面进行阐述，专业能力从文字表达能力、较强的组织能力、敏捷的应变能力、广泛的社交能力等多方面阐述。结论水到渠成，从另一个角度强调现代秘书要不断提高自身素养，才能够成为领导独当一面的得力助手。

六、写作题（20分）

东方红大学文件

红发〔2011〕×号

东方红大学
关于印发评选优秀教师的实施方案的通知

各院（系）、各处、图书馆：

为了提高教学质量，表彰先进，弘扬高尚师德，现印发《评选优秀教师的实施方案》，望所属各部门认真学习，贯彻落实。

附：评选优秀教师的实施方案

东方红大学（章）
2011 年×月×日

抄送：××省教育厅

东方红大学党院办　　　　　　　　　　　　　　2011 年×月×日印发

试卷六

一、单项选择题（每小题 1 分，共 6 分）

1. 在公文语言表达方式的运用上，报告、请示、通报等文种侧重于（　　）。

　　A. 说明　　　　　　B. 议论　　　　　C. 叙述　　　　　D. 描写

2. 在正常情况下，下级机关一般都应当采用（　　）的方式向上级机关请示和报告工作，以保证正常的领导关系和业务工作关系。

　　A. 逐级上行文　　　B. 上行文　　　　C. 多级上行文　　D. 越级上行文

3. 在 1993 年国务院办公厅修订发布的《国家行政机关公文处理办法》中，被取消的文种是（　　　）。

  A. 通告　　　　　　　B. 布告　　　　　　　C. 公告　　　　　　　D. 通知

4. 必须和法律、法规相配合的文种是（　　　）。

  A. 条例　　　　　　　B. 实施细则　　　　　C. 章程　　　　　　　D. 守则

5. 在公文拟稿中，如要引用某份公文，应当（　　　）。

  A. 引用公文标题　　　　　　　　　B. 引用发文字号

  C. 先引发文字号，后引标题　　　　D. 先引标题，后引发文字号

6. 在以下的文件材料中，不属于公文立卷范围的有（　　　）。

  A. 上级机关的文件材料　　　　　　B. 本机关向外发出的文件材料

  C. 重份文件　　　　　　　　　　　D. 下级机关的请示、报告等文件材料

二、多项选择题（每小题 2 分，共 8 分）

1. 公文写作有其鲜明的特点，这些特点是（　　　）。

  A. 遵命性　　　　B. 针对性　　　　C. 群体性　　　　D. 政策性　　　　E. 时限性

2. 公文写作所运用的表达方式主要有（　　　）。

  A. 叙述　　　　　B. 描写　　　　　C. 抒情　　　　　D. 议论　　　　　E. 说明

3. "报告"的主要特点是（　　　）。

  A. 重论述　　　　B. 重陈述　　　　C. 有主见

  D. 不自我评估　　E. 多提意见

4. 记录类文书的主要特点是（　　　）。

  A. 表述的生动性　　B. 内容的纪实性　　C. 材料的直接性

  D. 语言的实录性　　E. 主题的鲜明性

三、判断题（每小题 2 分，共 10 分）

1. 办公自动化是以公文处理的标准化为条件的，而明确受文对象的文件是公文处理标准化的基础。　　　　　　　　　　　　　　　　　　　　　　　　　　　　　　　　（　　　）

2. 简报类文书是用以汇报工作、反映问题、交流经验、协调事项、推动工作开展的一种简短摘要的信息载体。　　　　　　　　　　　　　　　　　　　　　　　　　　　　　（　　　）

3. 在公文写作中，兼用叙述、说明和议论三种表达方式，这是公文文体的主要特点。　（　　　）

4. 任何一个机关组织都可以制作和发布公文。　　　　　　　　　　　　　　　　　（　　　）

5. 公告、通告，都具有发布的公开性的特点。　　　　　　　　　　　　　　　　　（　　　）

四、按照新闻标题的一般写法，为下面一篇经济新闻补写标题（10 分）

  中国人民银行 8 日宣布，从 2007 年 12 月 25 起，上调存款类金融机构人民币存款准备金率 1 个百分点。此次调整后，普通存款类金融机构将执行 14.5% 的存款准备金率标准，该标准创 20 余年历史新高。

  调整存款准备金率是传统的三大货币政策工具之一，通常是指中央银行强制要求商业银行按照存款的一定比率保留流动性。此次上调是央行今年以来第 10 次上调人民币存款准备金率。

  与今年以来历次均上调 0.5 个百分点不同，此次上调 1 个百分点，力度明显加大。央行指出，此次上调旨在贯彻中央经济工作会议确定的从紧货币政策要求，加强银行体系流动性管理，抑制货币信贷过快增长。

日前召开的中央经济工作会议在部署明年经济工作时明确提出，明年要实施稳健的财政政策和从紧的货币政策。明年将进一步发挥货币政策在宏观调控中的重要作用，严格控制货币信贷总量和投放节奏。

根据央行此前公布的数据，10 月末广义货币供应量（M2）余额为 39.42 万亿元，同比增长 18.47%，增幅比上年末高 1.53 个百分点，比上月末高 0.02 个百分点。同时，前 10 个月人民币新增贷款已达到去年新增贷款的 1.1 倍。

五、根据下列标题与提纲，写摘要（10 分）与关键词（5 分）

论秘书的参谋原则和艺术
写作提纲

绪论：

秘书人员只有真正把握好参谋的原则与艺术，正确地运用这两方面的知识去发挥自己的作用，才能更好地成为领导不可缺少的参谋。

本论：

一、秘书的参谋原则

（一）尽职不越位

（二）善谋不决断

（三）规劝不失当

二、秘书的参谋艺术

（一）营造和谐气氛的参谋艺术

　　1. 营造友善气氛的艺术

　　2. 扩大共识的参谋艺术

　　3. 促进进取的参谋艺术

　　4. 谋求理解的参谋艺术

（二）避免矛盾伤害的参谋艺术

　　1. 避免伤害的艺术

　　2. 避免冲突的艺术

结论：

总之，秘书坚持参谋原则和运用参谋艺术的最终目的，是做好领导的参谋，为企业各项工作的正常运行做出积极贡献。这就要学会适应领导，要善于观察领导的工作习惯和工作作风，及时调整自我的工作思路，从而使参谋达到最高境界。

六、为江苏经贸职业技术学院写一条广告语（10 分）

七、请对下列公文进行评析（10 分）

吉林省人民政府办公厅转发省环保局等部门
关于加速淘汰氟里昂和哈龙物质工作方案的通知

各市（州）、县（市）人民政府，省政府有关部门：

省环保局、省发展改革委、省工商局、省交通厅、省建设厅、省质监局、省公安厅、省商务厅、省经委《关于加速淘汰氟里昂和哈龙物质的工作方案》已经省政府同意，现转发给你们，请认真贯彻执行。

附：吉林省环保局等部门关于加速淘汰氟里昂和哈龙物质的工作方案

（公章）

2005 年 12 月 2 日

八、写作题（第 1 题 10 分，第 2 题 7 分，第 3 题 14 分，共 31 分）

1. 望日市真菌研究所是东南沿海地区最大的真菌研究基地，承担着国家、省、市的科研项目八十多项。拟聘张家春先生（从 2012 年 1 月 1 日到 2015 年 1 月 1 日）任该所兼职研究员，请于 2011 年 12 月 26 日为其写一个聘书。

2. 请为演讲稿"节能减排，保护地球"写一个结尾。

3. 为了加强个体、私营经济税收征管，规范个体、私营经济管理，促进个体、私营经济健康发展，国家税务总局向国务院发送《关于加强个体私营经济税收征管工作的意见》。国务院同意这个意见，要求转给各省、自治区、直辖市人民政府，国务院各部委、各直属机构。假设你在国务院实习，请于 2011 年 12 月 12 日代为写作。

参考答案

一、单项选择题（每小题 1 分，共 6 分）

　　1. C 2. A 3. B 4. B 5. D 6. C

二、多项选择题（每小题 2 分，共 8 分）

　　1. ABCDE 2. ADE 3. BC 4. BCD

三、判断题（每小题 2 分，共 10 分）

　　1. 对 2. 对 3. 对 4. 对 5. 对

四、按照新闻标题的一般写法，为下面一篇经济新闻补写标题（10 分）

央行 12 月 25 日起上调存款准备金率 1 个百分点

五、根据下列标题与提纲，写摘要（10 分）**与关键词**（5 分）

　　摘要：秘书只有坚持参谋的原则，尽职不越位、善谋不决断、规劝不失当，并把握参谋的艺术、营造友善气氛、扩大共识、促进进取、谋求理解、避免伤害冲突，才能更好地成为领导不可缺少的参谋。秘书坚持参谋原则和运用参谋艺术的最终目的，是做好领导的参谋，为企业各项工作的正常运行做出积极贡献。这就要学会适应领导，要善于观察领导的工作习惯和工作作风，及时调整自我的工作思路，从而使参谋达到最高境界。

　　关键词：秘书　参谋　原则　艺术

六、为江苏经贸职业技术学院写一条广告语（10 分）

到经贸求学　在南京发展

七、请对下列公文进行评析（10 分）

　　这是一则转发性通知，吉林省办公厅对下级单位"各市（州）、县（市）人民政府，省政府有关部门"发布需共同遵守、立即执行的《关于加速淘汰氟里昂和哈龙物质的工作方案》，适用于"通知"发文，由于吉林省环保局、省发展改革委、省工商局、省交通厅、省建设厅等与吉林省办公厅属平级或不相隶属机关，通知用于发放上级、同级和不相隶属机关的文件时，要在标题中注明"转发"二字。标题没有套用公文标题的一般式，而是采用转发性通知标题的特殊格式：转发机关名称＋转发＋被转文件标题（省环保局等部门关于加速淘汰氟里昂和哈龙物质的工作方案，三要素要齐全）＋的通知，完整规范。

转发性通知的正文结构与发布通知相同，由发文缘由和执行要求两部分组成。该转发通知的正文前半句"……已经省政府同意"是发文的缘由；后半句"现转发给你们，请认真贯彻执行"是执行要求。

八、写作题（31 分）

1.

聘　书

张家春先生：

我所是东南沿海地区最大的真菌研究基地，承担着国家、省、市的科研项目八十多项。为了集中真菌研究专家的力量参与我所的科研，经我所决定，特聘请您担任我所兼职研究员，聘期三年（从 2012 年 1 月 1 日到 2015 年 1 月 1 日）。

特此聘请。

望日市真菌研究所（章）

二〇一一年十二月二十六日

2.

全球变暖给我们敲响了警钟，地球正面临着巨大的挑战。保护地球，就是保护我们的家。让我们行动起来，节能减排，挽救地球家园的命运，维护人类的一个继续生存的未来。

3.

国务院批转国家税务总局关于
加强个体私营经济税收征管工作意见的通知

各省、自治区、直辖市人民政府，国务院各部委、各直属机构：

国务院同意国家税务总局《关于加强个体私营经济税收征管工作的意见》，现转发给你们，请遵照执行。

附件：关于加强个体私营经济税收征管工作的意见

国务院

2011 年 12 月 12 日

试卷七

一、填空题（每空 1 分，共 10 分）

1. 构成公文标题的三个基本要素是_____、_____和_____。

2. _____是指国务院办公厅 2000 年 8 月 24 日颁布，_____年 1 月 1 日起施行的《国家行政机关公文处理办法》中所规定的_____种公文，即命令（令）、_____、公告、通告、通知、通报、议案、报告、请示、批复、意见、函、会议纪要。

3. 党的公文是指中共中央办公厅 1996 年 5 月 3 日发布的《中国共产党机关公文处理条例》规定的_____类主要公文。

4. _____是秘密等级较高的文件，它包含着党和国家的重要秘密。其内容一旦泄露，会使党和国家的安全和利益重大的损害。

5. 眉首部分，即公文的文头，又称版头，由份号、秘密等级和保密期限、紧急程度、发文机关标志、_____、签发人诸要素构成。

二、单项选择题（每小题 1 分，共 5 分）

1. 内容重要并紧急需要打破常规优先传递处理的文件，叫做（　　）。

    A. 平件　　　　　　B. 加急件　　　　　　C. 特急件　　　　　　D. 急件

2. 供受文者使用的具有法定效用的正式文本，格式规范并具备各种生效标志的稿本称为（　　）。

    A. 草稿　　　　　　B. 定稿　　　　　　C. 正本　　　　　　D. 副本

3. 为了维护正常的领导关系，具有隶属关系或业务指导关系的机关之间应基本采取（　　）。

    A. 逐级行文　　　　B. 多级行文　　　　C. 越级行文　　　　D. 直接行文

4. 下面公文写作中，语句符合规范的是（　　）。

    A. 该卷烟厂全体职工同心协力、奋发图强，在上半年不到三个月时间里，就创造出产值比去年同期增长 200% 的奇迹

    B. 我们一定要采取措施，尽可能节省不必要的开支和浪费

    C. 目前有关部门已对议报做出停刊整顿并令其主要负责人深刻检查等等纪律处分的处理

    D. 一艘在巴拿马注册的名为"协友"的货轮 9 月 9 日 1 时 30 分在斯里兰卡东部亭可马里突然遭到泰米尔"猛虎"组织袭击而失事，五名船员失踪

5. "由于我们没有建立健全安全保卫制度，结果给流氓、惯偷、坏人造成了盗窃、行凶、阴谋破坏的可乘之机"，这句公文用语显然是不规范的，其不正确的原因是（　　）。

    A. 含义不明确不清晰，让人产生歧义　　　　B. 句子成分搭配不当

    C. 语序安排欠妥当　　　　　　　　　　　　D. 不合乎事理

三、多项选择题（每题 2 分，共 10 分）

1. 下面说法错误的有（　　）。

    A. 盖印应端正、清晰，做到上压正文、下压成文日期

    B. 一件联合发文，可有数个发文号

    C. 联合行文的成文日期以最后签发机关的签发日期为准

    D. 公文中的附注一般标注于主题词下方

    E. 题注一般用圆括号标注于标题下方

2. 具备法定效力的公文稿本有（　　）。

    A. 副本　　　　B. 草稿　　　　C. 定稿　　　　D. 试行本　　　　E. 暂行本

3. 选定公文种类主要的原则方法是（　　）。

    A. 考虑行文的具体需要　　　　　　B. 考虑本单位的权限

C. 考虑公文撰拟者的写作水平　　D. 考虑行文走向

4. 国家对公文的格式有具体的要求，其特点有（　　　　）。

　　A. 结构完整　　B. 规范性　　C. 相对确定性　　D. 灵活性

5. 规定公文的统一规范格式，其目的在于（　　　　）。

　　A. 维护公文的严肃性　　　　　　B. 维护公文的有效性

　　C. 维护公文的权威性　　　　　　D. 维护公文的准确性

四、不定项选择题（每小题 2 分，共 10 分）

1. 具有正式法定效用的文本有（　　　）。

　　A. 正本　　　　B. 试行本　　　C. 暂行本　　　D. 修订本

2. 用于对某一项行政工作做比较具体规定的规范性文件，称为（　　　）。

　　A. 条例　　　　B. 规定　　　　C. 办法　　　　D. 决定

3. 用于对下级机关布置工作，阐明工作活动的指导原则的领导指导性文件，称为（　　　）。

　　A. 命令　　　　B. 指示　　　　C. 批复　　　　D. 通知

4. 公文中的词语应（　　　）。

　　A. 含义确切　　B. 韵味无穷　　C. 可圈可点　　D. 包彩丰富

5. 下面说法正确的有（　　　）。

　　A. 党政机关应在各自的系统内部发布文件

　　B. 行政机关可直接向党的组织发布指令性文件

　　C. 行政机关可直接向党的组织汇报工作

　　D. 党政机关尽可能地增加联合发文

五、按照公文标题的写法，为下面一篇公文补写一个标题（10 分）

各地、市卫生局，四所医学院及附属分院，厅直有关单位：

　　为了贯彻《中共中央关于科技体制改革的决定》（以下简称《决定》）的精神和省委、省政府及卫生部关于贯彻《决定》的意见，结合我省医学科技工作的特点，进一步落实改革的意见，定于今年三月在××市召开全省卫生科技工作会议。现将会议有关事项通知如下。

　　（一）会议内容：传达上级有关文件精神，讨论和修改我省医药卫生科技工作体制改革方案和几个暂行管理办法。

　　（二）会议代表：各地、市卫生局、厅直有关单位，医学院及附属医院，省医学情报所及医学会的负责人员。

　　（三）会议日期和地点：三月二十五日报到，三月二十六日至二十九日开会。报到地点：××市省武警总队招待所。

　　附件：×××表×份

××省卫生厅

2011 年 3 月 5 日

六、按照新闻标题的写法，为下面一篇新闻补写一个标题（10 分）

　　中华工商时报 6 月 7 日报道　深圳楼价像深圳的天气一样火热，6 月 6 日市内一小区的商品房已卖到了两万元/平方米，用"天天涨停"来形容深圳房价丝毫不为过。来自深圳有关部门的最新数据显示，深圳全市商品房成交均价为每平方米 14 223 元，关内均价已过 2 万元，豪宅平方米单价已卖到 3 万元以上。深圳已经成为中国内地商品房平均价格卖到最高的城市。

深圳综合研究院研究员周旭认为：90/70 政策的实施，导致今年深圳住宅供应量阶段性剧减，加大了供需矛盾，是导致房价迅速上涨的直接原因。周旭分析称，90/70（90 平方米以下的住宅要占 70%）政策正式公布是去年 5 月 29 日，但直到去年 9 月份，开发商才从深圳政府方面获得明确资讯，仍以单项目控制。

由于这一政策使得在 2006 年初的项目推迟了半年到一年的时间，一般住宅项目从报建到推出一期项目的时间是 12 ～ 18 个月。90/70 政策使部分项目未能顺利在 2007 年上半年推向市场，加剧市场供应紧张，导致房价迅速上涨。

深圳中原总经理李耀智表示，今年一季度，深圳新房成交量约 230 万平方米，但新增供应量仅有 140 万平方米，巨大的供求失衡，无疑是深圳楼价"疯涨"的主因。除此以外，决定深圳楼价"疯涨"还有一系列因素。首先是一批高端项目入市，间接拉动了深圳全市商品房的销售均价；此前一直被视为深圳楼市"洼地"的罗湖区，进入 2007 年以来楼价大幅上升。还有就是，近来已有不少投资者从股市"获利回吐"，将资金转移到楼市。深圳中原相关预测显示，今年以来，深圳楼市中的"投资"资金已近两成五，较去年大幅上升超过一成。

深圳一知名房地产分析人士表示，深圳楼价今年以来持续"疯涨"之势，已经进入"紧急状态"。

七、写作题（45 分）

1. 请你运用已经学过的理论知识评析广告语"今年过节不收礼，收礼只收脑白金"。（5分）

2. 请你为以"爱心"为主题的演讲稿写一个结尾。（10 分）

3. 为以下合同写一个评析。（15 分）

订货合同

立合同单位：××研究所（简称甲方）
　　　　　××家具厂（简称乙方）

为了发展生产，满足群众需要，经双方充分协商，特签订本合同，以便共同遵守。

一、甲方向乙方订书橱×× 只，单价×× 元；书桌×× 只，单价×× 元。总计金额××××元。乙方在 2011 年 10 月 1 日前交货。

二、产品先由乙方做实样，经甲方同意后照原样施工。

三、所有原材料由甲方供应，乙方在甲方现场施工。

四、甲方按图纸实样验收产品，合格后结算费用，由甲方汇入乙方开户银行。

五、本合同一式四份，甲、乙方各执一份，另二份各自送上级有关部门存查。

六、本合同自签字之日起生效，有效期从 2011 年 1 月 1 日起至 2011 年 10 月 1 日止，任何一方不得任意毁约，否则应承担对方经济损失。

甲方：××研究所（章）　　　　　　乙方：××家具厂（章）

代表：×××（章）　　　　　　　　代表：×××（章）

4. 根据下面这份函的内容，起草一份答复此函的复函。（15 分）

写作要求：内容要明确，中心要突出；格式要正确，写法要规范（可只写标题、主送机关、正文、发文机关和发文时间几个项目）；语言要准确、简明、得体，书写要清楚。

红叶市工业玻璃星光厂关于要求赔偿弹子停产池炉报废的损失的函

璃字〔2011〕2 号

红叶市海大进出口公司：

我厂生产的玻璃弹子，由你公司专门收购已有多年，并已形成一条专门生产流水线，包括专用池炉和各种设备。但你公司今年一季度的弹子收购计划骤然剧变，收购数量仅×万打，比上季减少 73.2%，我厂事前毫无准备，这将使我厂部分停产，特别是生产玻璃弹子的专用池炉将因此而报废，预计损失×万余元。

为此提出两点要求希予考虑：一、池炉一旦报废，我厂要求赔偿损失，具体数额由双方协商确定；二、今后收购计划如有重大变动，请至少提前两个月告知。

以上意见，即请函复。

红叶市工业玻璃星光厂（章）

2011 年 1 月 1 日

参考答案

一、填空题（每空 1 分，共 10 分）

1. 发文机关名称；发文事由；公文种类　2. 行政公文；2001 年；13；决定　3. 14　4. 机密公文　5. 发文字号

二、单项选择题（每小题 1 分，共 5 分）

1. D　2. C　3. A　4. A　5. D

三、多项选择题（每小题 2 分，共 10 分）

1. ABD　2. ACDE　3. ABD　4. ABC　5. ACD

四、不定项选择题（每小题 2 分，共 10 分）

1. ABCD　2. C　3. B　4. A　5. A

五、按照公文标题的写法，为下面一篇公文补写一个标题（10 分）

×·×省卫生厅关于召开全省卫生科技工作会议的通知

六、按照新闻标题的写法，为下面一篇新闻补写一个标题（10 分）

深圳商品房天天涨停　关内均价已过 2 万元

七、写作题（45 分）

1. 广告语"今年过节不收礼，收礼只收脑白金"朗朗上口，抓住广告促进销售的特点，采用鼓动的语言，推销商品、动员消费，具有很强的感染力。

2. 一缕阳光，一份温暖。四季因为有了太阳变得美丽，生命因为多了爱心变得充实。同学们，朋友们，爱是一个民族最宝贵的灵魂，爱是一个国家最坚强的堡垒。祝愿我们爱心的阳光，能够融化所有心灵的冰川。

3. 这是一份比较简单的订货合同，麻雀虽小，五脏俱全，条款完备准确。正文的引言介绍了签订合同的依据和原因，简洁明了。正文的主体是合同的重要组成部分，它分条列项地明确了双方的权利与义务。这份合同的标的是家具，对家具的技术没有在合同中做明确规定，而是由甲方提出让乙方先做出样品，待验收合格后，照原样加工。就履约方式而言，是由甲方提供原材料，乙方在甲方处施工。在主体当中万不可遗漏的一点就是违约责任。不能因为关系亲近或顾及面子而忽略这一点，否则一旦出现一方故意或无意违约，另一方的权利就得不到有力保障。可以说这一点是合同能够最终得到实施的关键环节，除此之外，合同中还注明了合同份数、有效期等，说明条款比较完备。但结尾缺签约时间。

4.

红叶市海大进出口公司
关于拒绝赔偿弹子停产池炉报废的损失的复函

红叶市工业玻璃星光厂：

　　贵单位《红叶市工业玻璃星光厂关于要求赔偿弹子停产池炉报废的损失的函》（璃字〔2011〕2号）收悉。我公司经集体研究，一致认为长期以来我们一直尊重合作伙伴，按市场经济的规律进行经营管理。你厂部分停产，生产玻璃弹子的专用池炉报废，责任不在我公司，故不能给予赔偿。

　　特此函复。

红叶市海大进出口公司
2011年1月12日

试卷八

一、填空题（每空1分，共10分）

1. _____适用于表彰先进、批评错误、传达重要精神或情况。

2. 公文按行文关系可分为_____、_____、下行文。

3. 新闻的三行标题包括_____、_____、_____。

4. _____指随文发送的文件、报表、材料等，是正文的补充说明或参考材料，是公文的组成部分。

5. _____是用以说明在公文其他部分不便说明的各种事项，如说明有关引文的出处、发至级限，解释有关名词术语。

6. 发文字号由发文机关代字、_____、_____组成。

二、单项选择题（每小题1分，共5分）

1. 关于答复询问的报告，叙述错误的是（　　　）。

　　A. 用语简明，得体，分寸适宜　　　　　　B. 可夹带请示事项

　　C. 是下级机关答复上级机关询问的文种

　　D. 内容准确真实，实事求是地向领导机关作认真负责的报告

2. 函灵活简便，可广泛应用于公务联系的各个领域。以下事项不适宜使用函件这一形式的有（　　　）。

　　A. 北京市人民政府就××发电厂建设问题向国家计委申请

　　B. 上海市浦东新区人民政府就浦东新区的道路规划问题向上海市交通厅询问

　　C. 上海市公安厅就打击车匪路霸问题向华东六省的公安厅提出建议

D. 国务院、中央军委就军队营区外义务植树进行指示

3. 以下有关公文的说法错误的有（　　　）。

  A. 公文主体组成部分有标题、正文、印章、日期等

  B. 通用公文，又称行政公文，指各类机关普遍使用的文件，如请示、报告、函等

  C. 通知的作者广泛，不受机关性质与级别层次的限制

  D. 函为不相隶属机关间相互往来的正式公文，对受文者的行为没有强制性影响

4. 会议纪要是会议文件的一种，以下关于会议纪要的标题说法正确的是（　　　）。

  A. 标题须写明会议名称与文种   B. 标题须写明发文机关名称、事由与文种

  C. 标题须写明会议名称、事由、文种

  D. 可以采用一般文章标题的形式在标题中简要明确地揭示中心思想

5. 公文立卷的具体方法很多，但其本质都是（　　　）。

  A. 一案一卷，一会一卷   B. 同人同事立一卷

  C. 统计表、报表合卷   D. 把握文件的特征

三、多项选择题（每小题 2 分，共 10 分）

1. 通报有以下特点（　　　）。

  A. 有较强的时效性

  B. 让事实和数据说话，而不过多地阐发和论证道理

  C. 具有教育性质，主要起宣传教育、沟通情况和交流经验的作用

  D. 内容单纯，行文简便

2. 通报按其内容性质划分，可分为（　　　）。

  A. 表彰性通报   B. 批评性通报   C. 指示性通报   D. 情况通报

3. 通报与通知的区别是（　　　）。

  A. 通报用来传达重要精神或情况

  B. 通报的事例典型，情况重要，具有较大影响

  C. 通报的目的是引起读者的广泛注意和从中受到教育，而不着重要求予以具体办理和
    执行

  D. 通知有主送机关通报没有主送机关

4. 批复具有以下特点（　　　）。

  A. 权威性   B. 针对性   C. 被动性   D. 公开性

5. 下列有关说法，能用来说明批复有明确针对性的是（　　　）。

  A. 批复只印发给申报请示的单位及有关单位

  B. 批复的内容只答复请示的具体事项

  C. 批复的内容应予认真遵守与执行

  D. 批复的开头和结尾要与请示的标题与发文字号相互照应

四、不定项选择题（每小题 2 分，共 12 分）

1. 批复在制发前需进行认真的调查，调查的内容包括（　　　）。

  A. 查阅有关的规定和指示   B. 调阅前案处理的材料

  C. 与内容涉及到的有关部门协商   D. 调查研究请示的理由、事项与具体要求

2. 下列有关说法正确的是（　　　）。

A. 各机关对于自己无权决定或难以处理的问题均应制发请示公文

B. 请示这类公文要求上级回复，故应与工作报告相区别

C. 某机关对于后勤的安排，因几位领导意见不一致，此时应该制发请示

D. 请示不能使用议论的表达方式

3. 签收文件的工作由（　　　）完成。

A. 专职外收发人员　　　　　　　B. 兼职外收发人员

C. 通讯人员　　　　　　　　　　D. 各机关的领导、负责人

4. 公文词语要求（　　　）。

A. 选择最贴切，最能表情达意的　　B. 尽量使用同音调

C. 使用口语词、歇后语，谚语　　　D. 为反复强调、突出重点，大量用同义词

E. 使文章新颖，可用方言词汇

5. 维护文件的高度严密性是指（　　　）。

A. 公文的保密性　　　　　　　　B. 公文语言结构的严密

C. 公文行文程序的严密　　　　　D. 施行办法的严密

6. 承办公文工作的依据主要是（　　　）。

A. 有关法律、法规、制度　　　　B. 一部分群众的要求

C. 上级领导做出的批示　　　　　D. 上级领导传授的意图

五、根据提示，在括号内填入适合应用文语体风格的词语（每小题 1 分，共 10 分）

1. 省、市、地、州各有关部门批准授予记者职称的，应将专业干部确定与晋升业务职称申报表抄送省委宣传部和省人事厅（　　　）。〔以备查考〕

2. 该批机器设备，（　　　）即可运抵你厂。〔不多天、不久〕

3. 兹送去科技展览入场券 80 张，请（　　　）。〔清点收下〕

4. 你局急需了解的情况，经多方（　　　）已有线索。〔了解、询问〕

5. 2003 年度行政经费收支账目，业经（　　　），全部正确无误。〔清查核对〕

6. 两县接壤地区的林权纠纷，经（　　　）协商，仍未取一致意见。〔再一次〕

7. 由于洪水灾害的影响，我省远途铁路交通运输曾（　　　）中断。〔一段时间〕

8. 以上请示，（　　　），请批示。〔是不是恰当〕

9. 当前，由于外来人口急剧增加，我市蔬菜供应十分紧张。为缓和蔬菜供求矛盾，（　　　）在市郊增划部分蔬菜生产用地，以应急需，请批示。〔可不可以〕

10. 你厂托运的机器部件已于 10 月 8 日运抵杭州，请速派人到艮山门货运站提取，特此（　　　）。〔通过信件相告〕

六、按照新闻标题的一般写法，为下面一篇经济新闻补写标题（10 分）

世界贸易组织（WTO）本周一公布的一份报告指出，中国是今年上半年遭遇反倾销诉讼最多的成员。

今年 1—6 月，WTO 的 149 个成员共发起 87 起反倾销诉讼，中国遭遇 32 起，而去年同期这两个数字分别是 105 和 23 起。报告称，最容易遭到反倾销诉讼的产品依次是：贱金属、机械、塑料和化工产品。

中华全国律师协会顾问周世俭告诉《第一财经日报》：“中国出口量大而且价格低廉，因而容易成为反倾销诉讼对象。另外我们在入世时签署的三项条款（非市场经济条款、特定产品

过渡性保障条款和纺织品特殊保障措施）也对遭遇反倾销产生非常直接的影响。"

周世俭认为，未来中国遭遇贸易摩擦的形势将更加严峻，但是可以从政府到企业进行一定的应对措施。"现在中国要求许多国家承认中国市场经济地位，并且与许多国家建立FTA，"他说，"另外行业协会和商务部门需要建立预警机制，企业要加强自律并且朝着高附加值和深加工的方向努力，这些都是积极的应对措施。"

2005年中国遭遇反倾销诉讼是57起，全世界有191起，中国占29.8%。然而中国去年的贸易量仅占世界贸易总额的7.3%。WTO上述报告还显示，今年前6个月，中国提出了15起针对其他成员的反倾销诉讼。

七、写作题（43分）

1. ×××大学××系10级学生张清于2011年5月6日晚9时经过学校广场时发现有5个男青年在对一位女生拉拉扯扯，立即上前制止。那5个男青年见只张清一人，便上前殴打他，张清不但没有退缩，反而与歹徒进行了激烈的搏斗，结果，胸部、腹部先后被歹徒刺了6刀，但仍一直坚持到其他同学闻讯赶来抓住歹徒。学校领导听说并证实这一事件后，决定授予张清"优秀共青团员"称号，并通报全校。请代拟一份公文。（13分）

2. 请阅读下列材料，并按要求写作。（30分）

××大学是××市的一所新办大学，师资欠缺，尤其缺乏国际金融专业的教师。美国华商学院于2011年2月发来邀请书，邀请该校青年教师王鹏于2011年8月前往该学院进修国际金融，为期两年，并由该院提供包括学费、食宿、医药、保险等费用的奖学金。王鹏已通过托福（TOFEL）考试。

（1）请以××市人民政府名义向省科委干部局行文，请求批准同意王鹏去美国商学院进修。

（2）省科委干部局接到上题所述的××市人民政府的来文后，即以公文回复，同意王鹏出国进修。请代拟一份公文。

参考答案

一、填空题（每空1分，共10分）

1. 通报　2. 上行文；平行文　3. 引题；正题；副题　4. 附件　5. 附注　6. 年份；序号

二、单项选择题（每小题1分，共5分）

1. B　2. D　3. D　4. A　5. B　6. D

三、多项选择题（每小题2分，共10分）

1. ABC　2. ABD　3. BC　4. ABC　5. AB

四、不定项选择题（每小题2分，共12分）

1. ACD　2. ABD　3. ABC　4. A　5. B　6. ACD

五、根据提示，在括号内填入适合应用文语体风格的词语（每小题1分，共10分）

1. 备案　2. 不日　3. 验收　4. 查询　5. 查对　6. 再度　7. 一度　8. 妥否　9. 可否
10. 函告

六、按照新闻标题的一般写法，为下面一篇经济新闻补写标题（10分）

中国成上半年遭遇反倾销最多的WTO成员

七、写作题（43分）

1.

××××大学

关于表彰张清同学见义勇为行为的通报

2011年5月6日晚9时，××系10级学生张清经过学校广场时发现有5个男青年在对一位女生拉拉扯扯，就立即上前制止，那5个男青年便上前殴打他。张清不但没有退缩，反而与歹徒进行了激烈的搏斗，结果，胸部、腹部先后被歹徒刺了6刀，但仍坚持不懈，一直到其他同学闻讯赶来，共同抓住歹徒。

张清同学奋不顾身与歹徒进行激烈搏斗的行为，充分展现了当代大学生爱憎分明、嫉恶如仇、见义勇为、敢于弘扬正气的精神面貌。学校决定授予张清同学"优秀共青团员"的光荣称号，并予以通报表扬。

学校希望全院学生向张清同学学习，在遇到歪风邪气、坏人坏事时，能勇敢、机智、冷静地处理身边损害社会公共秩序、危害安全、影响安定团结的类似事件，积极弘扬社会正义，展现我校学子的时代风采。

特此通报。

××××大学（章）

2011年5月15日

2.

××市人民政府

关于要求同意××大学教师王鹏赴美进修的函

××省科委干部局：

××大学是我市的一所新办大学，师资欠缺，尤其缺乏国际金融专业的教师。该校青年教师王鹏（男，1972年4月出生）于2011年2月收到美国华商学院的邀请书，拟于2011年8月前往该学院进修国际金融，为期两年。美方学院提供包括学费、食宿、医药、保险等费用的奖学金。王鹏已通过托福（TOFEL）考试。

特此致函，请予批复。

附件：1. 单位公派出国（境）人员登记表

2. 美国华商学院的邀请书及中文翻译件

3. 王鹏托福（TOFEL）考试成绩单复印件

××市人民政府（章）

2011年2月20日

3.

××省科委干部局关于同意××大学教师王鹏赴美进修的复函

××市人民政府：

你市《关于要求同意××大学教师王鹏赴美进修的函》（×政〔2011〕×号）收悉。经研究，同意××大学教师王鹏2011年8月赴美进修，为期两年。

特此函复。

　　　　　　　　　　　　　　　×× 省科委干部局（章）
　　　　　　　　　　　　　　　2011 年 3 月 10 日

试卷九

一、填空题（每空 1 分，共 5 分）

　　1. _____是同级机关或不相隶属的机关之间相互制发的公文，主要有函、议案等。

　　2. 按照紧急程度的不同，可将公文分为紧急公文和普通公文。紧急公文通常还分_____和_____两类。

　　3. _____是秘密等级最高的文件，它所反映的通常是党和国家的核心秘密。其内容一旦泄露，会使党和国家的安全和利益遭受特别严重的损害。

　　4. _____是适用于记载、传达会议情况和议定事项的公文。

二、根据提示，在括号内填入适合应用文语体风格的词语（每小题 1 分，共 10 分）

　　1. 我厅拟于 12 月 30 日晚借用贵单位礼堂召开迎新春联欢晚会，可否，请（　　）。〔通过信件答复〕

　　2. 我省供水工程扩建计划，业经上级主管部门批准，明日起（　　）动工。〔立刻就可以〕

　　3.（　　）今年财力紧张，游泳馆扩建项目拟待明年财政状况稍宽裕后再行安排。〔由于考虑到〕

　　4. 关于去黄山参观一事，已同该地旅游局（　　）妥当。〔联系商量〕

　　5. 此类问题应尽可能（　　）解决。〔在原地〕

　　6. 经全体同志努力，大会筹备工作已经全部（　　）。〔已经安排好〕

　　7. 我校（　　）下星期三召开大会进行动员。〔打算在〕

　　8. 该公司定购的首批机械设备，已（　　）运到。〔合乎预定的日期〕

　　9.（　　）吴 ×× 同志不幸病逝，特去电致哀并向家属表示慰问。〔刚才听到〕

　　10. 各级税务机关必须严格（　　）收税，对欠交税款的，必须立即追交。〔按照法律〕

三、阅读下面材料，用一句话概括三段话的主题（10 分）

　　"建经济强市，创文化名城"，是省委、省政府对杭州工作的殷切期望，也是我市"十五"发展的重要目标和全市人民的共同愿望。旅游业是关联度大、开放性强、对杭州经济社会全面发展具有重大带动作用的龙头产业。实施"旅游西进"战略，有助于推进经济结构调整和产业升级，增强杭州经济的综合实力和竞争力；有助于开发利用我市极为丰富的旅游资源，促进旅游业跨越式发展，进而带动第一、第二、第三产业的全面繁荣；有助于挖掘历史文化内涵和丰富发展现代文化，推动文化产业发展和精神文明建设。

　　杭州东西部地区发展的不平衡性，是制约我市率先基本实现现代化的重要因素之一。实施"旅游西进"战略，有利于改善西部五个县（市）的交通、通信等基础设施状况，加快西部地区生产要素的流动和集聚，增强西部地区吸纳中心城市辐射的能力；有利于妥善处理大都市与大杭州的关系，形成东西部各具特色、优势互补、相互促进、联动发展的局面，促进区域经济协调发展。

建设现代化国际风景旅游城市，是杭州城市发展的目标定位。实施"旅游西进"战略，有利于整合和优化配置杭州的旅游资源，形成具有较大国际吸引力和知名度的旅游景区，确立和巩固杭州作为长江三角洲地区乃至全国旅游中心城市的地位；有利于推进城市基础设施和旅游服务设施建设，改善城市形象，提高城市信息化、现代化和国际化水平。

四、改正或简化下列通知的标题（每小题 2 分，共 10 分）

1．××市人民政府办公厅转发××省人民政府办公厅《转发国务院办公厅〈关于贯彻执行国务院"关于解决企业社会负担过重的若干规定"中有关问题的通知〉的通知》的通知

2．国务院转发国家医药管理局关于进一步治理整顿医药市场意见的通知

3．××县人民政府关于印发××市人民政府〔2011〕7 号文件的通知

4．××省人民政府转发省劳动局、省人事局、省财政厅、省总工会《关于转发劳动部、人事部、财政部、国家总工会〈关于发给离退休人员生活补贴费的通知〉的通知》

5．国务院办公厅转发国家旅游局关于进一步清理整顿旅行社意见的通知

五、按照新闻标题的一般写法，为下面一篇经济新闻补写标题（10 分）

本报北京 11 月 29 日电（记者刘声）　为做好国有企业工资总量的宏观调控，国家将加大对工资收入过高的行业、企业工资分配的调节力度，促使企业工资增长与经济效益增长保持合理关系。

劳动和社会保障部、财政部今天向各省、自治区、直辖市劳动和社会保障厅（局）、财政厅（局）、国务院有关部门劳动保障工作机构发出《关于做好 2006 年企业工资总额同经济效益挂钩工作的通知》，要求各地有关部门严格按照国家政策规定审核工资与效益挂钩方案。对工资增长过快、工资水平过高的企业，尤其是 2005 年企业在岗职工平均工资相当于当地城镇在岗职工平均工资两倍以上的企业，要从严审核其挂钩数与工资总额基数倒挂的企业，要视其工资水平和经济效益情况，适当降低挂钩浮动比例。对已经完成公司制改建的非国有控股企业，可以不再实行工资与效益挂钩政策。企业应按照《公司法》的有关规定，与职工代表协商确定职工的劳动报酬。

六、为下面这篇论文补写写作提纲（10 分）、摘要（10 分）与关键词（5 分）

论秘书的职业道德

职业道德是与人们的职业活动相联系，具有自身职业特征的道德准则和规范。各行各业都有自己特殊的职业道德规范：审判员要秉公执法、铁面无私，医生要救死扶伤、治病救人，教师要诲人不倦、循循善诱，售货员要文明经商、公平买卖，等等。那么，身居要职的秘书必须具备哪些职业道德呢？如何加强秘书的职业道德修养呢？

一、秘书必须具备的职业道德

秘书工作是政治性很强的工作，又是辅助性、服务性工作，还是综合性、事务性工作，更是领导的"门面"和"窗口"。秘书工作的特点，决定了秘书必须具备忠于职守、诚实守信，严守秘密、守口如瓶，善于合作、实事求是，服从领导、贯彻意图，严谨细致、谦和平等的职业道德。

（一）忠于职守，诚实守信

忠于职守、诚实守信是秘书首要的职业道德规范。忠于职守是指对组织、对领导耿耿忠

心，尽心尽职地做好秘书工作。具体地说，首先，要求秘书热爱本职工作。秘书要清楚地认识到秘书职业的性质、特点、地位、作用和要求，由理解到热爱，由热爱到立志，对秘书工作有强烈的责任心和光荣感，从而充分发挥自己的主观能动性，在平凡的秘书管理岗位上做出不平凡的贡献。其次，要忠于秘书管理事业。当代社会活动日益广泛和复杂化，因此，领导工作的效能不仅取决于领导者正确的思想和方法，而且和秘书的辅助管理密不可分。有些领导者由于自身知识、能力、精力诸方面的限制，掌握情况不一定全面，处理问题难免欠妥，许多事情不可能事必躬亲，这要求秘书及时拾遗补缺，勤勤恳恳地辅弼领导，当好参谋和助手。有些领导还可能由于思想不正、作风不正而出现偏差和失误，这就要求秘书及时提醒或劝谏，而不能曲意逢迎、溜须拍马。此外，从事秘书管理工作需要具有独特的知识和技术，这要求秘书认真钻研业务，掌握过硬的本领，如果没有精湛的业务技能，忠于职守只是一句空话。

诚实守信是中华民族的传统美德。"言必信，行必果"、"车无辕不行，人无信不立"，是我们的先哲留给后人的谆谆教诲和宝贵的精神财富。诚实守信，是人际交往的起码道德要求，是社会行为的基本准则。"人无信不立，业无信不存，国无信不兴。"诚实可靠是指赤诚无私，真心实在，说真话，办实事。秘书人员只有诚实守信，才能取得他人的信任，组织的各项活动才能落到实处。因此，不少企事业单位招聘秘书人员的启事中，将"忠诚可靠"列为必要条件。例如，一位留学德国的中国学生尽管毕业时成绩非常优异，但在德国求职时却屡遭拒绝，让他十分困惑。后来，他不得不降低求职条件，将目标选定为一家小公司，结果仍被拒绝。他百思不得其解。经询问，对方给他看了一份记录：他乘公交车曾被抓住过3次逃票。德国抽查公交车逃票的几率一般是万分之三，这位高才生竟然被抓到了3次，这在严谨的德国人眼中，永远是不可饶恕的：连两三毛钱的蝇头小利都要贪占，在别的事情上还可以依靠他吗？可见诚实守信是每个人立足社会必须具备的基本的道德修养。

诚实守信对秘书而言更是极其重要的。它要求秘书对领导和组织忠心耿耿，处处维护组织利益，在办理领导交办的事项中，公事公办，不谋私利。这样，领导才能感到秘书与自己思想合拍、行动默契，是在忠诚地为领导和领导机关服务。秘书在工作中要体现诚实守信，就必须做老实人，说老实话，办老实事，不弄虚作假，不阳奉阴违。要做到守信，在诸如会晤、会议案卷、组织会议、收发函件、传递文件等工作方面都要准时；对接受的任务如果不能按期完成，必须及时汇报，不能拖延或擅自改变。在日常工作尤其是在信访接待中不要轻易答允别人所托而自己又无力完成的事情，一旦答应就要尽一切力量去办。

（二）严守秘密，守口如瓶

秘书工作具有保密性。汉语中，"秘"与"密"意思相同，指不宜外传、隐而不泄的机要事宜。在英、俄、法、德等外语中，"秘书"也含有机密之意，可见秘书管理大都具有秘密的性质。

秘书工作是保密工作的重点。秘书是领导的辅佐人员，其职责是负责机关、单位的文件和其他文书的处理工作、通讯工作、会务工作、调研和信息工作及辅助领导决策的工作等。秘书平时与领导接触频繁，听到领导的许多言论，对领导的工作日程、内容、行踪了解得最清楚，对单位的各个方面的情况知道得很多。这当中有不少属于单位或国家的机密，是一些人打听消息的重要渠道，甚至成为敌人窃取情报的主要对象。这些机密一旦泄露，势必会给单位或国家造成损失，会给国家的安全和利益造成危害，所以，秘书工作一定要加强保密性。据史书记载，唐朝处罚条律规定，凡官吏泄露国家机密，不论有意无意，是否造成后果，均追究其刑事责任；明朝的保密制度也很严格，如万历十九年（公元1591年）至二十年，正值备战以防御倭寇骚扰东南沿海，朝廷特规定，凡有关军事机密的奏章严禁抄报，六科无权处理，如有泄露重大机密者，处斩。即使泄露了一般文书的内容除处杖 100 以外，还罢职不用。

改革开放以来，我们加强了对外宣传，加强了与外国的交流与合作，这使保密环境变得异常复杂起来。在当前这种信息时代，探密窃密的形势颇为严峻，窃密者嗅觉敏锐，攻势强劲，技术先进，手法多变，乃至于巨利引诱。

现代社会，保密工作更加重要。新中国成立以来，党和国家领导人一贯重视保密工作。据说，周恩来总理在保密方面就是一位有着铁的纪律的人。对国家机密，他守口如瓶。有一次，一位外国记者问周总理中国人民银行有多少资金，周总理回答说"中国人民银行的货币嘛……有十八元八角八分"（当时我国发行的币制面值包括十元、五元、一元、五角、二角、一角、五分、二分、一分，合计十八元八角八分），避实就虚，巧妙应对，没让这位外国记者掏到中国的家底。周总理曾领导我国第一颗原子弹试验，成天忙进忙出，可是直至成功的消息传来之后，他的夫人邓颖超对此仍一无所知。

随着市场经济在我国的不断完善，强化保密意识和加强保密工作显得日益重要。保密的关键是人的自觉程度，秘书应熟知我国《保密法》的内容和单位的保密制度，并模范地加以执行，养成保守机密的习惯：既严守党和国家的机密，又不泄露或出卖本单位的经济情报，还应做到不泄露领导尚未决定的关系群众利益的事，不得议论别人的隐私。

（三）善于合作，实事求是

秘书上接领导，下联各界各方人民和群众，是否善于合作，处理好人际关系是至为重要的一环。因此，秘书要有善于合作的精神，能与他人搞好团结，善于与他们相互配合，步调一致，共襄大事。这也就是所谓系统科学中"部分之和大于整体"的道理。秘书要有自知之明，对待他人谦虚、热情、平等。不要自命不凡，目中无人，总觉得在领导身边工作而高人一等。同时，要广交朋友，在此基础进一步了解，尊重同事，主动配合他人的工作。秘书要想与他人合作就必须宽容大度，以诚相待。在合作者出现错误时，要善于帮助其改正，并且不计前嫌。要多看他人长处、优点并给予肯定，还要在合作不顺利的时候勇于分担失败的责任。

所谓实事求是，就是从实际出发，如实反映情况，按实际情况办事。毛泽东同志在延安中央党校写的校训，就是"实事求是"四个大字，它是毛泽东思想的精髓。邓小平同志深刻地指出：实事求是是无产阶级世界观的基础，是马克思主义的思想基础，过去人们搞革命所取得的一切胜利是靠实事求是，现在我们实现四个现代化同样靠实事求是。现今秘书工作同样离不开实事求是的原则。

（四）服从领导，贯彻意图

从社会分工和人际关系的角度看，在现代社会，领导和秘书只是社会分工的不同，并没有高低贵贱之分。他们所从事的工作都是为社会所需，都是为社会和人民服务的。他们之间的关系应是一种新型的人格平等关系。但是，从工作岗位与工作性质看，任何组织机构的内部都有层级、权限的划分，组织中的工作岗位都存在着上与下、主与辅的区别。在上下主辅关系之中，领导是上级，处于主导地位；秘书是下级，处于辅助地位。下级服从上级，辅助性工作服务于主导性工作，这既是组织原则，也是工作需要。违背了这个原则，颠倒了这种关系，组织活动也就无法正常开展。

秘书的角色地位决定了秘书必须坚决服从领导，认真领会和贯彻领导意图，千万不要自行其是，越权行动。参谋归参谋，行动归行动。当领导拍板决策后，当领导交代意图后，必须严格按领导或领导机关的批示办事。在秘书管理活动中，要自觉维护领导的权威和形象，这是秘书的职业道德和政治责任。当然，服从领导并不意味否认秘书工作的主动性和创造性。但是秘书主动性、创造性的发挥必须是在符合国家路线、方针、政策，符合领导意图的前提之下。那种无视上下级关系、我行我素的做法乃是秘书工作的大忌。服从领导、贯彻意图，不仅是一项职业道德的重要规范，而且是一条严格的工作纪律。

（五）严谨细致，谦和平等

"秘书工作必作于细"这是众所周知的一句话。领导者看上去位尊权重，颇为荣耀，实际上他们都处于市场经济的激流中，苦苦探索着。市场如战场，稍有不慎，就有可能"败北"。因此，他们由于责任重大而感到压力重重，由于工作繁忙而心烦意乱。秘书应该理解、体谅领导的苦衷，尽最大的努力为领导分忧解难。当领导工作中出现新情况、新问题，或是遭遇阻力时，秘书更要密切配合。在工作中，要求格外仔细严谨，不出差错。例如，办文要准确，切忌粗枝大叶、马马虎虎；办事要稳当、井井有条，做到细致周密；汇报要实事求是，如实反映情况；建议要慎重，从全局角度考虑问题。无论向领导提供信息情况，还是协助领导审核文稿，数字、时间、概念、地名、人名都要准确，考虑问题要详尽周到，既不能使用"可能"、"大概"、"差不多"之类的字句，也不能任意省略，以免产生误解，要养成一丝不苟的良好作风。

谦和平等，是秘书人员职业道德的又一项重要内容。它是指秘书人员应正确地看待自己，也应正确地看待别人；不过高地估计自己，也不过低地估计别人；要善于发现自己的缺点并认真地改正缺点，要善于发现别人的优点并努力地学习这些优点。秘书对上应正直、公平、亲和、尊敬；对下要谦虚、平等，绝不可盛气凌人。

二、加强秘书的职业道德修养

（一）道德与秘书职业道德

道德是一定社会为了调整人们之间以及个人和社会之间的关系所提倡的行为规范的总和，它通过各种形式的教育和社会舆论的力量，使人们具有善和恶，荣誉和耻辱，正义和非正义等概念，并逐渐形成一定的习惯和传统，以指导或控制自己的行为。伦理学角度的"道德"概念包括三部分内容：一是社会的要求；二是个体的内在约束力；三是人类自我完善的一种手段。

职业道德是从事一定职业的人们在其职业活动中，应当遵循的行为规范和准则。职业道德是协调人际关系、维护生产经营和生活秩序、促进社会发展重要的行为规范和准则，是道德体系重要的组成部分。

在我国，秘书职业道德是社会主义职业道德的一个重要组成部分。秘书职业道德是从事秘书管理工作的人员应遵循的，与其职业活动紧密联系的，具有秘书职业特征并反映特殊要求的道德准则和规范。

（二）秘书的道德修养

道德修养是一种社会意识形态，是人们调整自身及相互关系的意识和行为准则。秘书职业道德修养是一个长期的磨炼和实践的过程，需要秘书自觉地进行多方面的努力。理论和实践相结合是秘书职业道德修养的基本原则。秘书道德修养的最根本问题，是在秘书活动实践中改造主观世界，离开社会实践空谈修养，只能是虚伪的道德说教，因此要求每一个秘书要身体力行，把对职业道德规范的认识贯彻到实际工作和日常生活中。加强秘书职业道德修养是由秘书职业的特点、秘书工作的现状和发展决定的。

（三）加强秘书道德修养的措施

1. 广泛学习

秘书应该多形式、多渠道地学习职业道德理论知识，在纷繁复杂的环境中，始终保持清醒的头脑，坚定理想信念，增强政治鉴别力和政治敏锐性；要不断学习写作、公关、管理、计算机、法律等方面的知识，熟悉新业务，掌握新技能，做一个思想坚定、道德高尚、作风正派、工作扎实、纪律严明的秘书。秘书通过刻苦学习，掌握科学的理论体系，便可吸取全人类先进的思想文化，不断积累，逐步实现用科学的道德理论指导道德修养实践，以达到一个较高的道德修养境界。另外，人类的知识更新很快，这也要求秘书要坚持学习、永不停顿。

2. 自我完善

秘书的职业道德修养，从某种意义上说是一种自我完善。它在强烈的自我塑造意识驱动下，通过对自己言行、思想的约束控制而达到更高的道德境界，从而逐步实现道德修养。这就要求从业者树立新的道德观念，在内心世界不断进行评判和检讨，自觉履行道德准则和规范；注意对正义感、责任感、幸福感等道德情感的修养，从而实现道德修养。道德修养有赖于主体修养的积极性，没有积极性，仅靠外部力量最终是无法完成的。因此，要注意启动这种积极性，树立崇高的理想，明确塑造的模型，然后通过不懈努力完成这种自我完善和自我塑造。古今中外无数人才成长的实例证明，自我完善是道德修养的一条重要途径。

3. 刻苦磨炼

道德修养需要理论学习和知识积累，但如果仅仅停留在"闭门修养"上，脱离实践，缺乏刻苦的磨炼，是无法实现自我完善的。秘书职业道德修养需要长期的磨炼。要在艰难的磨炼中，树立正确的世界观、人生观、价值观、荣辱观，不管在任何时候、任何环境，都应当"富贵不能淫，贫贱不能移，威武不能屈"，高风亮节，正气凛然。要认真完善自己的人格，保持自己的尊严，维护自己的信仰，切实过好名利关、权利关、金钱关和人情关，努力使自己成为一个具有高尚道德品质的合格秘书。

秘书是领导的参谋和助手，协助领导实施管理，在某些时候能代表领导行使一定的权力，明确必须具备的职业道德，加强自身职业道德修养，提高综合素质，是非常重要的，这不仅可以推动本职工作的顺利完成，而且可以理顺、协调内部及社会各界的关系，有利于和谐安定。

七、写作题（30 分）

1. 2009 年是中华人民共和国成立 60 周年。××大学党委决定发文到各学员党总支，要求每个院组织三四个节目，于 9 月 30 日举办全校文艺晚会，以示庆祝。请根据材料拟写一份公文。（10 分）

2. ××省卫生厅检查出下列药品有 PPA 成分：A（广州产）、B（美国产）、C（上海产）、D（武汉产），要求各市、县卫生局查封并禁止销售上述产品。请写一个公文（包括文件版头、版记），并抄送给省商业厅等单位。（20 分）

参考答案

一、填空题（每空 1 分，共 5 分）

1. 平行文　2. 特急；急件　3. 绝密公文　4. 会议纪要

二、根据提示，在括号内填入适合应用文语体风格的词语（每小题 1 分，共 10 分）

1. 函复　2. 即可　3. 鉴于　4. 商洽　5. 就地　6. 就绪　7. 将于　8. 如期　9. 顷闻　10. 依法

三、阅读下面材料，用一句话概括三段话的主题（10 分）

实施"旅游西进"战略的重要意义

四、改正或简化下列通知的标题（10分）

1. ××市人民政府办公厅转发国务院办公厅关于解决企业社会负担过重若干规定的通知
2. 国务院批转国家医药管理局关于进一步治理整顿医药市场意见的通知
3. ××县人民政府关于印发××市人民政府7号文件的通知
4. ××省人民政府转发劳动部等关于发给离退休人员生活补贴费的通知的通知
5. 国务院办公厅转发国家旅游局关于整顿旅行社意见的通知

五、按照新闻标题的一般写法，为下面这篇经济新闻补写标题（10分）

国家加大对高收入行业企业工资分配调节力度

六、为下面这篇论文补写写作提纲（10分）、摘要（10分）与关键词（5分）

论秘书的职业道德
写作提纲

绪论：

职业道德是与人们的职业活动相联系，具有自身职业特征的道德准则和规范。身居要职的秘书必须具备哪些职业道德呢？如何加强秘书的职业道德修养呢？

本论：

一、秘书必须具备的职业道德

（一）忠于职守，诚实守信

（二）严守秘密，守口如瓶

（三）善于合作，实事求是

（四）服从领导，贯彻意图

（五）严谨细致，谦和平等

二、加强秘书的职业道德修养

（一）道德与秘书职业道德

（二）秘书的道德修养

（三）加强秘书道德修养的措施

    1. 广泛学习

    2. 自我完善

    3. 刻苦磨炼

结论：

秘书是领导的参谋和助手，在某些时候能代表领导行使一定的权力，明确必须具备的职业道德，加强自身职业道德修养，不仅可以推动本职工作的顺利完成，而且可以理顺、协调内部及社会各界的关系，有利于和谐安定。

摘要：身居要职的秘书必须具备的职业道德是：忠于职守，诚实守信；严守秘密，守口如瓶；善于合作，实事求是；服从领导，贯彻意图；严谨细致，谦和平等。秘书是领导的参谋和助手，在某些时候能代表领导行使一定的权力，应明确自身必须具备的职业道德，通过广泛学习、自我完善、刻苦磨炼等途径来加强自身职业道德修养，推动本职工作的顺利完成，理顺、协调内部及社会各界的关系，促进和谐安定。

　　关键词： 秘书　职业道德　修养　完善

七、写作题（30分）

1.

关于举办文艺晚会庆祝中华人民共和国成立 60 周年的通知

各学院党总支：

　　今年是中华人民共和国成立 60 周年，校党委决定于 9 月 30 日 19 点在校大礼堂举办全校文艺晚会，通过丰富多彩、生动活泼的文娱节目，对广大师生进行爱国主义教育，让师生从中受到感染、获得教益。请各学院组织三四个节目参演，节目要求能够展示中华民族厚重的历史文化和时代精神，以激发爱国之情、报国之志。

××大学党委

2009 年 9 月 2 日

2.

××省卫生厅文件

×省卫〔2011〕×号

××省卫生厅
关于要求查封并禁止销售四种药品的通知

各市、县卫生局：

　　经检察，下列药品含有 PPA 成分：A（广州产）、B（美国产）、C（上海产）、D（武汉产），要求各单位查封并禁止销售上述产品。

　　特此通知。

××省卫生厅（章）

2011 年 10 月 20 日

抄送：××省商业厅，××××××××××××，××××××。

××省卫生厅办公室　　　　　　　　　　　　　　　2011 年 10 月 20 日印发

附录　应用文常用词语汇释

A

按期：按照规定的日期，如"按期完成任务"。

案卷：分类保存以备查考的文件，如"逐一披览案卷"。

B

颁布：郑重发布；颁：下发。一般用于发布法令、条例等重要的法规性文件，如"颁布法令"。

颁行：颁布施行，如"此项税法的实施细则颁行已有一年"。

报经：报告上级并经过上级同意或批准，如"已报经国务院批准"。

报请：向上级机关或有关部门报告请求解决，如"已报请财政局批准"。

备案：向主管机关报告事项，以备查考，如"此报告已送总公司备案"。

备查：以备今后检查，如"请存档备查"。

拨冗：客套话，指推开繁忙的事务，抽出时间，如"务请拨冗光临为盼"。

不贷：不予宽恕。贷：饶恕，如"严惩不贷"。

不日：不久，如"不日送达"。

不予：不给予，如"不予办理"。

不虞：意料不到，如"以备不虞"、"不虞之誉"。

布达：陈述告知给对方。布：陈述。常用于书信结束语中，如"专此布达"。

C

参照：参考、仿照，如"请参照办理"。

裁处：考虑决定并加以处理，如"对这一问题，请尽快裁处为宜"。

裁夺：考虑决定，如"请予裁夺"。

查询：查问、了解，如"现将查询结果报告如下"、"请查询"。

查照：请对方注意文件内容，并按文件内容办事，如"即希查照"、"希查照办理"。

呈报：向上级送文，如"特此呈报，请查收"。

呈请：向上级或有关部门送文并请求同意批准，如"呈请批准，不胜感激"。

筹措：设法弄到经费，如"筹措基建资金"。

筹商：筹划商议，如"筹商对策"。

D

鼎力：大力，表示敬辞，如"还望鼎力相助为盼"。

定夺：对事情是否可行做决定，如"计划是否可行，请尽早予以定夺"。

动议：会议中临时提出的建议，如"第一小组提出的动议，值得关注"。

E

额定：规定的数目，如"额定人数 100 人"。

讹传：错误的传说，如"这种讹传，不可听信"。

F

奉告：告知，表示敬辞，如"无可奉告"。多用于外交辞令。

奉命：接受这个命令或决定，如"奉命执行"。

G

国是：国家大计，如"共商国是"。

过甚：过分、夸大，如"言之过甚"。

H

函达：写信告知，如"专此函达"。

核示：审核批示，如"上述意见，请核示"。

会商：相聚商议，如"会商大计"。

会晤：会面，如"会晤来访客人"。

惠鉴：劳驾审阅，如"××先生惠鉴"，常用于信函称呼中。

惠示：劳驾给我看或让我知道，如"如蒙惠示该文件，则不胜感激"。

惠予：请求给予，如"希惠予配合"。

惠纳：承你照顾接受，如"承蒙惠纳，实为荣幸"。

J

稽迟：拖延，不及时，如"稽迟答复，请见谅"。

鉴于：考虑到，如"鉴于王同志一贯表现突出，本公司给予其奖励一千元"。

鉴宥：请求体察原谅，如"客户苦衷，尚祈鉴宥"。

接洽：与人商量有关事宜，如"关于供货事，请与××接洽"。

届时：到时候，如"请届时参加"。

径向：直接向，如"有关情况，请径向监察室反映"。

径与：直接与，如"此事情径与财务处联系"。

K

款待：亲切优厚地招待，如"盛情款待远方客"。

款洽：亲切融洽，如"双方交谈，十分款洽"。

L

烂账：混乱无法弄清的账目，又指久拖难以收回的账，如"有些企业，因管理不善，烂账很多"。

劳神：耗费精神，有时用做麻烦他人的客套话，如"劳神代为照顾"。

礼遇：尊敬有礼的待遇，如"受到隆重的礼遇"。

M

绵力：微薄的力量，如"愿尽绵力"。

面洽：当面接洽，如"请于明日来本公司面洽"。

N

拟定：起草制定，如"拟定规章制度"。

拟于：打算在，如"拟于下月开工"。

P

偏颇：偏于一面，不公平，如"其说法有失偏额"。

评断：评论判断，如"做出是非评断"。

凭单：取财物或作为凭证的单据，如"保管好三年内的财务凭单"。

破费：花费金钱或时间，如"这次出行，破费不少"。

Q

起讫：开始和终结，如"起讫日期"。

契据：契约、借据、收据等总称。

签发：经主管人审核同意后，签名正式发出文件、证件等，如"签发护照"。

签署：在重要文件上正式签字，如"该合同经双方法人代表签署后生效"。

顷奉：刚接到。多用于下级对上级，如"顷奉上级指示"。

顷接：刚接到，如"顷接来函"。

顷闻：刚听到，如"顷闻贵店开张，特来祝贺"。

R

热衷：急切想得到，或十分爱好某事，如"热衷名利"、"热衷于教育"。

日前：几天前，如"日前收到来款"、"日前办妥"。

S

商计：商量，如"共同商计"。

商榷：商讨，如"该提法还有待商榷"。

尚望：还希望，如"尚望给予协助"。

恕不：请对方原谅不能做某事，如"恕不招待"、"恕难办理"。

T

台鉴：请您审阅，常用于信首。台：旧时对人的尊称；鉴：审阅、看。例如，"××先生台鉴"。

探悉：打听后知道，如"从有关方面探悉"。

特此：公文、书信用语，表示为某事在这里通知、奉告等，如"特此通知"、"特此函告"。

特例：特殊的事例，如"作为特例，予以照顾"。

W

为荷：表示感谢。荷：承受别人的恩惠。例如，"请给予接洽为荷"。

为妥：表示"妥当"的意思，如"请给予照顾为妥"。

为要：表示"必要"的意思，如"须严加管理为要"。

违误：违反命令，耽误公事，如"迅速办理，不得违误"。

维系：维持和联系，不脱离，如"事关大局，维系民心，务必重视"。

委过：将错误、过失推给别人，如"委过于人"、"一味委过"。

委实：实在，如"委实不容易"。

务期：一定要，如"务期有成"、"务期落实"。

务求：一定要求达到，如"务求完成所定指标"。

X

先例：已有的事例，如"有先例可援"、"尚无先例可援"。

先期：在某一日期以前，如"他们已先期抵达"。

鲜见：不常看到，很少见，如"该货物，市场上已鲜见了"。

已悉：已经知道，如"来文已悉"。

业经：已经经过，如"业经批准，不日施行"。

应承：答应，如"我已应承，决不反悔"。

应时：适合当时的，如"应时货品"。

应允：应许，如"应允批准"。

予以：给以，如"予以便利"、"予以表扬"。

预期：预先期待，如"达到预期目的"。

原宥：原谅，如"请求原宥"、"概不原宥"。

Z

展缓：推迟日期，放宽时限，如"展缓交货"、"展缓演出"。

置信：相信，如"难以置信"。

置疑：怀疑，如"不容置疑"。

兹因：现在因为，如"兹因资金调动困难，歉难办妥此事"。

兹有：现在有，如"兹有我处××同志前往贵行联系有关事宜，请接洽"。